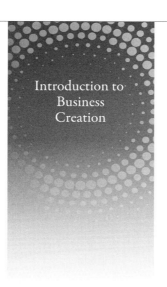

事業創造入門

井上善海・黒澤佳子・田中克昌
[編]

Inoue Zenkai/Kurosawa Yoshiko/Tanaka Katsumasa

中央経済社

はしがき

　高度経済成長と若者が多い人口構造の上で成り立っていた終身雇用・年功序列といった日本的な雇用慣行が，日本経済の長期低迷やグローバル化の進展などを受けて変化しつつあります。

　たとえば，大企業を中心に，一定の年齢以上の社員を対象に早期希望退職者を募集する人員削減策を図りながら，優秀な若手人材確保のために成果主義を導入する企業が増えてきています。コロナ禍で在宅勤務やテレワークなど働き方が多様化したことで，働く時間や場所にとらわれず，より個人の役割が明確になるジョブ型雇用が注目されています。

　また，就職する側の学生も，ジョブ型雇用の外資系企業，その中でも外資系コンサルを最終的に希望する傾向が高くなってきています。つまり，いくつかの企業を経験して，特定の仕事の専門家になるという志向が高まってきているのです。

　このような状況下では，個人の持つ「創造性」や「チャレンジ精神」などが重要な能力として求められます。

　そこで，本書は大学等で事業創造や起業について学ぶための教材として用いることを想定し，具体的な事例を示しながら，第Ⅰ部で事業の創造を，第Ⅱ部では起業についての知識を学ぶことで，実践的な事業創造スキルを習得できるように工夫されています。

　これにより，「事業機会の発見・評価，事業アイデアの創出ができる」「事業化するための事業コンセプトや事業内容を構築できる」「事業計画書を作成することができる」ことを到達目標としています。

　本書は，先に刊行されている『企業経営入門』『経営戦略入門』『中小企業経営入門』と姉妹書であり，入門シリーズの１つです。『企業経営入門』で企業経営の全体像を把握・理解した上で，企業の経営戦略についてさらに深

く学びたい場合は『経営戦略入門』を，全企業数の99.7％を占める中小企業の経営についてさらに深く学びたい場合は『中小企業経営入門』を，事業の創造や起業についてさらに深く学びたい場合は本書をご活用ください。

　最後に，出版事情が厳しいなか，本書を出版する機会を与えていただいた株式会社中央経済社の山本継社長と，編集を担当していただいた学術書編集部の納見伸之編集長にお礼を申し上げます。

2024年9月

編者を代表して　井上善海

本書の利用法

　本書は，第Ⅰ部で事業機会の発見からビジネスモデルの構築までの事業創造のプロセスについて，第Ⅱ部では経営理念の策定から資金調達までの起業のための事業計画書の作成について，体系的に学べるように構成されています。

　また，各章を効率的かつ効果的に学ぶために，以下のような学びの工夫をしています。

Points	本文中で学んでいただきたい重要なポイントを箇条書き方式で簡潔にまとめています。これにより章の全体像をつかむことができます。
Key Words	本文中で重要な役割を果たす用語を示しています。本文を読む際にこのキーワードをマークしながら学ぶと，より理解が深まります。
Research	与えられたリサーチテーマについて，図書館やインターネット等を駆使し調査分析を行っていただきます。これにより本文を読むことによって理解した内容をさらに深めることができます。
Debate	与えられたディベートテーマについて複数名で議論していただきます。これにより，本文で学んだことを応用展開する力を身につけることができます。
参考文献	さらに学びたい人のために，本文執筆の際に参考となった文献を示しています。事業創造や起業について論究されているものが多く掲載されています。ぜひ利用して学びを深めてください。

CONTENTS

はしがき ／ 1

本書の利用法 ／ 3

第 I 部 事業創造

第 1 章 事業創造とイノベーション 12

1 事業創造 12

1.1 事業創造とは　12

1.2 アントレプレナーシップ　15

1.3 事業の成長サイクル　17

2 イノベーション 19

2.1 イノベーションとは　19

2.2 イノベーションのプロセス　21

2.3 オープン・イノベーション　22

3 事業創造と社会の関わり 23

3.1 社会的責任を果たす　23

3.2 社会的インパクト　24

3.3 事業創造への期待　25

第 2 章 事業機会の発見と評価 29

1 事業機会の発見 29

1.1 事業環境の変化と事業機会　29

1.2 事業機会とは何か　30

1.3 事業機会の探索　31

2 事業機会の評価 39

2.1 リスクとは　39

2.2 新規参入時期の判断　42

第3章 ビジネスアイデアの創出 ······ 45

1 事業機会の見つけ方とビジネスアイデアの出し方 ······ 45
1.1 需給ギャップを考える　45
1.2 需給ギャップから生まれるサブ・マーケット　46
1.3 市場の「困りごと」が事業機会となる　47
1.4 オズボーンの「チェックリスト」を活用しよう　47

2 アイデアを阻む要因 ······ 51
2.1 オリジナリティにこだわり過ぎる　51
2.2 自由な発想にこだわり過ぎる　52
2.3 具体化にこだわり過ぎる　52
2.4 全体だけを見て細部を見ない　53

3 ビジネスアイデアの考え方と評価 ······ 54
3.1 ビジネスアイデアの考え方　54
3.2 発想の基本は「組み合わせ」　56
3.3 ビジネスアイデアを評価する　58

第4章 事業コンセプトの定義 ······ 61

1 事業コンセプトとは ······ 61
1.1 事業コンセプトとその前提　61
1.2 事業コンセプトの要素　62
1.3 事業コンセプトの精度向上　63

2 新規事業の顧客は誰か ······ 65
2.1 市場から顧客を見出す　65
2.2 顧客にとって価値のある商品・サービスとは　66
2.3 顧客を特定する　67

3 新規事業で提供する価値は何か ———————————— 69

    3.1 顧客の共感を得るには　69

    3.2 バリュープロポジションとは　71

    3.3 バリュープロポジションを導き出す　72

第 **5** 章　経営資源の見極め ———————————————— 75

1 経営資源と新規事業 ———————————————————— 75

    1.1 経営資源とは　75

    1.2 ヒト・モノ・カネと新規事業　76

    1.3 情報的経営資源と新規事業　78

2 経営資源の中核を見極める ———————————————— 80

    2.1 コアコンピタンスとは　80

    2.2 強みを機会に投入する　81

    2.3 新規事業へ効果的に投資する　82

3 外部の資源を活用する ——————————————————— 84

    3.1 まずはサービスとして考える　84

    3.2 オープン・イノベーションによる経営資源の補完　86

    3.3 オープン＆クローズ戦略　87

第 **6** 章　ビジネスモデルの構築 ——————————————— 90

1 ビジネスモデルとは ———————————————————— 90

    1.1 ビジネスモデルとビジネスシステム　90

    1.2 ビジネスモデルの見える化　91

    1.3 ビジネスモデルの組み合わせ　93

2 顧客にとって特別な存在になる ———————————————— 95

    2.1 3つの基本戦略　95

    2.2 戦略キャンバスとは　96

    2.3 戦略キャンバスで競合他社と差別化する　96

3 ビジネスモデルを構築する 98

3.1 ビジネスモデル・キャンバスとは　98

3.2 ビジネスモデル・キャンバスの構築プロセス　98

3.3 プレスリリースで価値を発信する　102

第 II 部　起業

第 7 章　起業とアントレプレナー 106

1 起業 106

1.1 起業とは　106

1.2 起業の形態　108

1.3 日本の起業環境　109

2 アントレプレナー 112

2.1 アントレプレナーとは　112

2.2 アントレプレナーのタイプ　113

2.3 日本の起業家の実態　114

3 起業とアントレプレナーシップ 115

3.1 起業とアントレプレナーシップとの関連性　115

3.2 アントレプレナーの行動特性と育成　116

3.3 起業家支援　118

第 8 章　スタートアップと経営理念 124

1 経営理念とは 124

1.1 経営理念の重要性　124

1.2 経営理念の要素と構造　125

1.3 経営理念の役割　126

2 経営理念の策定と浸透 ··· 127

2.1 経営理念の策定　127

2.2 経営理念の表現方法　128

2.3 経営理念の浸透　129

3 経営戦略的意義とミッション，ビジョン，バリュー ················ 131

3.1 経営理念の戦略的意義　131

3.2 経営理念と競争優位性　132

3.3 ミッション・ビジョン・バリュー　133

第**9**章　マーケティングと販路開拓 ································· 136

1 マーケティング ·· 136

1.1 起業におけるマーケティング　136

1.2 ドメイン　138

1.3 市場分析・顧客分析　139

2 顧客開発モデル ·· 144

2.1 製品開発モデル　144

2.2 顧客開発モデル　145

3 販路開拓 ·· 148

3.1 起業後の課題　148

3.2 ビジネスモデルによる違い　149

3.3 販路開拓の手法　149

第**10**章　人材と組織 ·· 154

1 創業期の組織 ·· 154

1.1 創業メンバー　154

1.2 事業パートナー　155

1.3 ステークホルダー（利害関係者）　156

2 人材育成 157

2.1 チームビルディング　157

2.2 モチベーション　159

2.3 リーダーシップ　161

3 成長ステージと組織変革 163

3.1 組織化の段階　163

3.2 組織変革　164

3.3 M & A　165

第11章 資金調達と運用 168

1 資金調達 168

1.1 成長ステージに応じた資金調達　168

1.2 資金調達方法　171

1.3 スタートアップ期の資金調達　174

2 株式公開（IPO）... 175

2.1 株式公開（IPO）とは　175

2.2 株式市場　177

2.3 内部統制　179

3 スタートアップ期の資金管理 180

3.1 売上・経費管理　180

3.2 損益計画　182

3.3 資金繰り管理　183

第12章 事業計画書の作成 187

1 事業計画書とは 187

1.1 事業計画書の目的　187

1.2 事業の分析　188

1.3 事業計画書の作成　192

2　事業開始の手続 ·· 197

　　2.1　事業開始時の届出　198

　　2.2　許認可　198

　　2.3　事業にかかる税金　200

3　支援制度 ·· 200

　　3.1　補助金　201

　　3.2　融資制度・保証制度　201

　　3.3　販路開拓支援　202

索　　引／205

第 **I** 部

事業創造

第1章
事業創造とイノベーション

第2章
事業機会の発見と評価

第3章
ビジネスアイデアの創出

第4章
事業コンセプトの定義

第5章
経営資源の見極め

第6章
ビジネスモデルの構築

第Ⅰ部 事業創造

第1章 事業創造とイノベーション

Points

● 「事業を創造する」とはどういうことか，事業創造の種類と事業創造に必要な要素を学びます。
● 新しい事業を創造するときに欠かせないイノベーションについて，イノベーションとは何か，事業創造との関連性を学びます。
● 事業創造とイノベーションが，社会にもたらすインパクトを学びます。

Key Words

事業創造，イノベーション，アントレプレナーシップ，ベンチャー企業，
ユニコーン企業，スタートアップ企業，CSR，社会的インパクト

1 事業創造

1.1 事業創造とは

「事業を創造する」とはどういうことでしょうか。ゼロから新しいビジネスを始めるいわゆる起業・創業は「事業創造」ですが，すでに何らかの事業を行っている会社が既存事業以外の事業を始めることも「事業創造」です。会社が出資し，社内にベンチャー企業をたちあげる社内ベンチャーも「事業創造」といえます。

事業創造は，最近のトレンドではありません。人類は自らの進化・発展とともに，その生活の糧となる事業を創造してきました。

第1次産業革命では，イギリスを発端として人力から機械へと変換され，工場制機械工業が始まりました。第2次産業革命では，アメリカを発端とし

て電気や物流網の発展により大量生産が可能になり，第3次産業革命では，ITを活用したFA（ファクトリー・オートメーション）が進み，PLC（プログラマブル・ロジック・コントローラ）が可能になりました。第4次産業革命では，IoT，ビッグデータ，人工知能（AI），ロボットに代表される技術革新によって，DX（Digital Transformation）が想定外のスピードとインパクトで進行しています。特に，AIの出現はビジネスの根底を覆し，AIにビッグデータを与えることで，単なる情報解析に留まらず，複雑な判断を伴う労働やサービスが自動化され，人手不足をはじめとする多くの社会問題の解決に寄与することが期待されています。第4次産業革命は，大企業だけでなく中小企業や地域経済へも大きな影響を与えているのです（**図表1-1**）。

図表1-1　第4次産業革命のインパクト

第1次産業革命 蒸気機関による工業化	→	第2次産業革命 電力による大量生産	→	第3次産業革命 情報通信技術革命

第4次産業革命
DX（Digital Transformation）
〈コアとなる技術革新〉
・ビッグデータ，IoT
・AI，ロボット等

〈新サービスの例〉
①データ活用によるカスタマイズ，保守点検，健康管理等
②自動車，住居等のシェアリング
③AIによる自動運転，資産運用等
④IT活用による新たな金融サービス（フィンテック）

データの解析・利用による新たな付加価値

需要者と供給者の迅速なマッチング

クラウドによるデータ保管費用の低下

再生産の限界費用ゼロ（ネット上のコンテンツ）

需要面
①新たな財・サービスの創出
②価格低下による需要喚起
③経済価値の把握が難しい個人の満足度の上昇

生産面
①需要予測やマッチングによる既存設備の稼働率向上
②AI等による業務効率化

働き方
①テレワークの普及
②余暇時間を活用した労働
③ハイスキルの仕事も一部がAIに代替

高齢者の生活
①自動運転による配車
②ウェアラブル端末による健康管理
③見守りサービス

出所：内閣府［2017］をもとに筆者作成。

図表1-2　製品・市場マトリクス

製品　　市場	既存製品	新製品
既存市場	①市場浸透戦略	②新製品開発戦略
新市場	③新市場開拓戦略	④多角化戦略／⑤事業転換戦略

出所：Ansoff［1965］をもとに筆者作成。

図表1-3　企業戦略別の経常利益率

(1)新市場開拓戦略

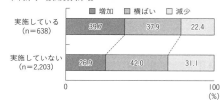

(2)新製品開発戦略

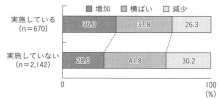

(3)多角化戦略

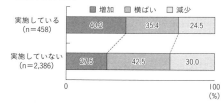

(4)事業転換戦略

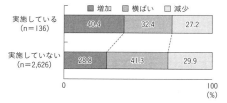

出所：中小企業庁［2017］。

　アンゾフ（Ansoff, H. I.）によると，企業の戦略は製品と市場を軸に，①既存市場に既存製品を投入する市場浸透戦略，②新製品を既存市場に投入する新製品開発戦略，③既存製品を新市場に投入する新市場開拓戦略，④新市場に新製品を投入する多角化戦略の4つの戦略が考えられます（**図表1-2**）。

　このうち，①市場浸透戦略以外の②新製品開発戦略，③新市場開拓戦略，④多角化戦略が事業創造にあたります。さらに中小企業やスタートアップ企業の場合は経営資源が限定的であるため，多角化戦略をとることは実質難しく，⑤既存事業を縮小あるいは廃止して新市場に新製品を投入する事業転換戦略になることもあります。

　そして，②新製品開発戦略，③新市場開拓戦略，④多角化戦略，⑤事業転

換戦略のいずれかを実施している企業は実施していない企業と比べて，経常利益率が増加傾向にあります（**図表1-3**）。つまり企業は事業を創造することで利益を確保し，継続的に成長する活動体であることを示しています。

1.2 アントレプレナーシップ

アントレプレナーシップとは，一般的に企業家（起業家）精神と訳され，いわゆるアントレプレナー（起業家）に限定せず，「高い志を持ち，新規性があり，付加価値を生む組織を作り，それらを成長させること」です（松重他[2016]）。企業経営の場で広く使われており，「企業の経営者が備えている（備えるべき）特有の才能」といえます（井上[2022]）。つまりアントレプレナーシップとは，企業内で働く人を含め，ビジネスに携わる人すべてに関わる言葉であり，付加価値を生み，増大させ，成長させることに重点があります。事業成長や経済発展のためにアントレプレナーシップは大切な要素であり，事業創造にとって不可欠な要素だといえます。

しかし日本におけるアントレプレナーシップの現状は，決して高いとはいえません。国際的な調査機関「グローバル・アントレプレナーシップ・モニター（GEM）」が，起業活動に関する調査を行っています。1999年に日本を含めた10カ国からスタートし，2022年には49カ国に拡大，起業活動が国家経済に及ぼす影響を明らかにするため，各国データを用いて実証研究を行い，各国の政策担当者に重要な政策方針を提供しています。2022年の調査結果を見ると，日本の総合起業活動指数（Total Early-Stage Entrepreneurial Activity：TEA）[1] は6.4で，調査開始後2番目の高水準となりましたが，主要7カ国の中では低い水準で推移しています（**図表1-4**）。

日本のTEAは，イノベーション主導型経済[2] の34カ国中5番目の低さです。GDP（Gross Domestic Product：国内総生産）を人口で割った1人あたりGDP（GDP per capita）を横軸に，TEAを縦軸にプロットした図を見ると，TEAは経済発展の低い段階では高く，経済が発展するに伴い低下する傾向が，わずかですが読み取れます（**図表1-5**）。その中で日本は，1人

図表1-4 主要7カ国のTEAの推移

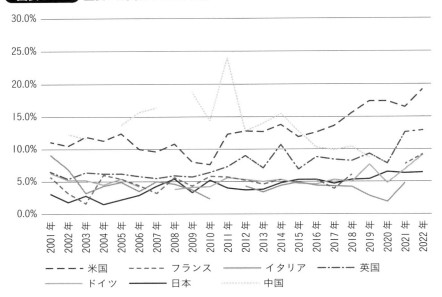

出所：GEM Report 2022/2023 をもとに筆者作成。

図表1-5 TEAと1人あたりGDPの関係

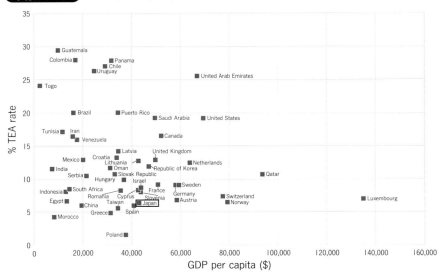

出所：GEM Report 2022/2023。

あたりの GDP は低くはないものの TEA は低いことがわかります。

アントレプレナーシップとして備えるべきものは，リーダーシップ能力とマネジメント能力です（井上［2022］）。特に変化の激しい経営環境下でリーダーシップを発揮するためには，変革型リーダーシップがよいとされ，ビジョンの創造と実現がリーダーの最も重要な行動要件であるとするビジョナリー・リーダーシップが，イノベーションが求められる昨今の経営環境にとって，欠かせないものになっています。リーダーが先を見通し方向性を示すことにより組織に一体感が生まれ，ビジョンに向かって一丸となって行動することができるようになるからです。

ドラッカー（Drucker, P. F.）はマネジメントの役割を「共通の目標，共通の価値観，適切な組織，訓練を研鑽によって，人が共同で成果をあげるようにすること」としています。マネジメントは「管理」と訳されますが,「ヒト」を管理することはできず，「事業」「経営」を管理することが求められているのです（Drucker［1985］）。

1.3 事業の成長サイクル

事業には「導入期」「成長期」「成熟期」「衰退期」といった成長サイクルがあります。人間の成長と似ており,誕生し,子供から大人に成長・成熟し，やがて年をとるライフサイクルになぞらえて考えられます。

事業が創造されて間もない「導入期」は，「創業期」あるいは「スタートアップ期」とも呼ばれ，この時期は事業を軌道にのせるのに必死で，販路開拓や資金調達に奔走します。まだ知名度がなく，自社製品やサービスがなかなか売れず，事業運営も何をどうしたらよいかわからない，人間に例えるとよちよち歩きの赤ちゃんの時期です。

「成長期」に入ると，売上や利益が急激に伸び始めますが，その分投資も必要で，資金的余裕はまだない時期です。マーケティング戦略により知名度が上がってきて，右肩上がりの勢いがありますが，周囲との競争も激化します。人間に例えると第一次成長期から第二次成長期といった時期にあたりま

す。成長スピードは著しいのですが，どこか不安定といった時期です。

　事業が成熟して「成熟期」に入ると，十分な知名度もあり，あまり宣伝をしなくてもコンスタントに売れるようになります。生産も計画的かつ効率的にできる体制が整うため，経営や運営もスムーズにできるようになり，利益は最大化します。人間では，健康で働き盛り，趣味を謳歌できる時期です。

　そして，事業が経営環境の変化に対応できなくなると，業績が悪化しはじめます。これが「衰退期」です。この時期になると，この事業を継続するのか撤退するのかの決断を迫られます。人間の場合，老化は避けられず，年齢とともにどう生きるか考える時期になります。

　企業のライフサイクルは，「導入期」「成長期」「成熟期」「衰退期」に人間のような決まった年数はありません。ベンチャー企業のように，急激な成長を遂げたかと思うと業績が一気に落ち込んだり，買収され別の企業になってしまうこともありますし，100年以上継続する長寿企業と呼ばれる企業は，短期間に大きな成長はせず，永続性を重視し，長期的視野で少しずつ利益を積み重ねたりします。事業の成長サイクルで最も重要なのは，事業の転換点を見誤らないことです。転換点を予測し，成熟期の後半から衰退期に入る前に，新規事業を軌道にのせることができれば，企業として持続的に成長することが可能なのです（**図表1-6**）。

図表1-6　事業のライフサイクルと非連続な事業の成長サイクル

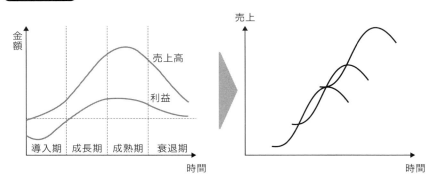

出所：井上［2022］をもとに筆者作成。

2 イノベーション

2.1 イノベーションとは

イノベーションとは，どのような意味を持つのでしょうか。かつてイギリスで起こった産業革命では，技術革新により機械化が進み，産業構造が農業から工業へと移り変わりました。人々の生活は激変し，まさに「革命」だったわけです。

シュンペーター（Schumpeter, J. A.）は，イノベーションについて，駅馬車から汽車への変化のように，純粋に経済的なものでありながら，連続的には行われず，その枠や慣行の軌道そのものを変更し，循環からは理解できないような他の種類の変動としています。

ビジネスにおけるイノベーションは，世界を変えるような新しい製品・サービスを開発することだけでなく，効率性を重視して新しい生産方式に変える，既存の商品にユーザーが要望する改良を加えるといったこともイノベーションと捉えられます。またイノベーションというと「技術革新」をイメージしがちですが，決して技術に特化したものではありません。新しい商品あるいはサービス，さらには新しい仕組みを作り出すことも，イノベーションと考えられます。

シュンペーターの新結合（neue Kombination）も，技術・研究開発だけではありません（**図表1-7**）。模倣に少し加工を加え独自性のある製品・サービスを生み出すことで，顧客に受け入れられ，社会にとって有益であれば，それは立派なイノベーションなのです。起業をするということは，新しい産業を世に生み出すということで，既存のビジネスに改良を加えて独自性を出したり，既に世にある商品・サービスを既存のビジネスとは異なる売り方をしたり，収益やコスト構造を変えて新たなビジネスモデルとすることは，イノベーションといえるでしょう。

図表1-7 さまざまなイノベーション

新結合とは	現代の経営用語に直すと
① 新しい生産物または生産物の新しい品質の創出と実現	プロダクト・イノベーション
② 新しい生産方法の導入	プロセス・イノベーション
③ 新しい販売市場の創出	マーケティング・イノベーション
④ 新しい買い付け先の開拓	サプライチェーン・イノベーション
⑤ 産業の新しい組織の創出	組織イノベーション

出所：Schumpeter［1926］，井上［2022］。

　2020年の新型コロナウイルス感染症拡大に伴い，ビジネス環境は大きく変化しました。当然ながら事業を続けることができず倒産する企業もあったわけですが，この環境変化に迅速に対応した企業は生き残り，対応できなかった企業は残念ながら市場から退出していったともいえます。イノベーションは，もはやビジネスに欠かせないものなのです。

　ロジャース（Rogers, E.）は，新製品や新サービスの市場における普及率に着目し，イノベーションの普及過程を5つに分類しました。

　冒険的で新商品が出ると進んで採用する人々はイノベーター（Innovators：革新者）と呼ばれ，この層は製品の目新しさや商品の革新性を重視します。次に，流行に敏感で自ら情報収集を行い判断する人々はアーリーアダプター（Early Adopters：初期採用者）と呼ばれ，この層のユーザーは後続のユーザーに大きな影響を与えるオピニオンリーダーとされます。続いて，新しい様式の採用には比較的慎重な人々の層をアーリーマジョリティ（Early Majority：前期多数派）といい，この層は慎重派ではあるものの，全体の平均より早くに新しいものを取り入れます。

　新しい様式の採用には懐疑的な人々の層は，レイトマジョリティ（Late Majority：後期多数派）といいます。周囲の大多数が使用しているという確証が得られてから決断します。新市場における採用者数が過半数を越えた辺りから導入を始めます。最も保守的な人々の層は，ラガード（Laggards：

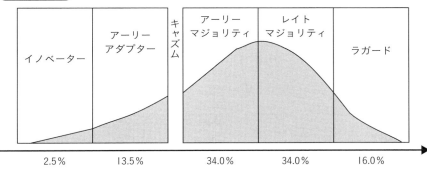

図表1-8　イノベーションの普及過程

出所：Rogers［2003］, Moore［1991］をもとに筆者作成。

遅滞者）といいます。流行や世の中の動きに関心が薄く，最後まで採用しない人もいます（**図表1-8**）。

さらにムーア（Moore, G.）は，アーリーアダプターとアーリーマジョリティの間に市場の断層（キャズム）が存在し，いかにアーリーマジョティを動かすかが成否を握るとしています。

2.2　イノベーションのプロセス

イノベーションを実現するプロセスにはいくつかの障壁があります。研究開発により新技術を生み出した後，製品化やサービス化するまでの障壁を魔の川（Devil River）といいます。製品・サービス化した後に事業化し市場に投入するまでの障壁は死の谷（Valley of Death），市場に投入した後の認知度を高めたり，他社との競争に打ち勝つなどの障壁をダーウィンの海（Darwinian Sea）といいます（**図表1-9**）。これらを乗り越えて，市場で生き残らないと成功といえず，計画通りにイノベーションを実行するのは難しいことがわかります。

文部科学省科学技術・学術政策研究所によると，企業のイノベーション活動とは，「企業にとってのイノベーションに帰着することが意図されている，あらゆる開発上，財務上，及び商業上の活動を含むもの」とあります。日本

図表1-9　イノベーションのプロセスと障壁

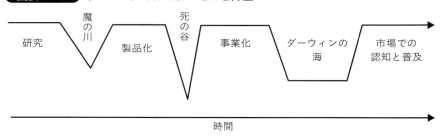

出所：井上他［2022］をもとに筆者作成。

におけるイノベーション活動の状況を企業規模別にみると，大規模企業は約7割がイノベーション活動に取り組む一方で，中規模企業では約6割，小規模企業では約半数にとどまります（文部科学省科学技術・学術研究所［2023］）。

2.3　オープン・イノベーション

　チェスブロウ（Chesbrough, H.）は，企業内部（自社）のアイデア・技術と外部（他社）のアイデア・技術とを有機的に結合させ，価値を創造することをオープン・イノベーション（open innovation）としました。他社への情報公開を必要としない，市場に送り出す製品を全て自社で製造・管理する垂直統合型モデルをクローズド・イノベーションとすると，外部（他社）との連携によって価値創造を実現させることはオープン・イノベーションです。オープン・イノベーションは，①外部と協働することで，技術者の人件費，研究開発費などのコストを削減できる，②自社が検討してこなかった課題へのアプローチ方法や技術を提供してもらえる，③自社で活用されていない技術やアイデアを外部で活用してもらえる，といったメリットがあります。にもかかわらず，これまで日本企業にはあまり受け入れられてきませんでした。自前主義や下請生産システムをはじめ限定された企業との取引によりリスク回避を歴史的に採用してきた日本企業には馴染みにくいとされたのです。

3 事業創造と社会の関わり

3.1 社会的責任を果たす

　企業の存在意義とはなんでしょう？　企業には利益を追求する経済的存在意義だけでなく，世の中の役に立つという社会的存在意義があります。経済性と社会性，この両輪を実現してこそ企業の存在意義といえるのです。

　ドラッカーは，マネジメントの第一の役割に「自らの組織に特有の使命を果たすこと」，第二の役割に「仕事を通じて人を生かすこと」をあげた上で，第三の役割を「自らの組織が社会に与える影響を処理し，社会の問題の解決に貢献すること（社会的責任の遂行）」だとしています。

　企業は社会的な存在であり，自社の利益，経済的合理性を追求するだけでなく，ステークホルダー（利害関係者）全体の利益を考えて行動すべきという考え方を「企業の社会的責任（Corporate Social Responsibility：CSR）」といいます。積極的に社会的責任を果たすことにより，消費者や投資家の信頼を集め，業績向上や株価上昇に繋がります。一方で，社会的責任を果たさなかった場合は，不買運動や株価下落など企業の存続自体が危うくなる可能性もあります。従業員の長時間労働や環境汚染物質の排出，コンプライアンス（法令順守）を意識して，安全で安心な製品・サービスを消費者に提供する責任を果たすことは，企業経営にとって欠かせないことなのです。

　トヨタは，「お客様」「従業員」「取引先」「株主」「地域社会・グローバル社会」をステークホルダーと設定し，「持続可能な発展のために，すべてのステークホルダーを重視した経営を行うこと」「オープンで公正なコミュニケーションを通じて，ステークホルダーとの健全な関係の維持・発展に努めること」を宣言しています（**図表 1 - 10**）。

図表1−10 トヨタのステークホルダー・エンゲージメント

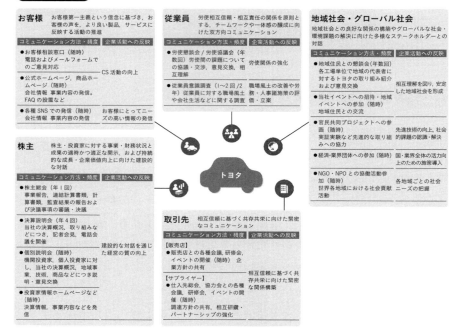

出所：TOYOTA Sustainability Data Book。

3.2 社会的インパクト

　新しいビジネスが生まれるとき，そのビジネスは社会に対してインパクトを与えます。消費者の行動様式の変化に対応したビジネスが成功することもあれば，新しいビジネスの出現により消費者の行動様式が変わることもあります。ビジネスが変化すると，消費者の要求水準が高くなり，企業がそれに対応することで，さらに消費者ニーズが変化し，誰も想像できなかった社会が実現したりします。事業創造は，産業界の企業数が増えることによる雇用創出や付加価値の増大といった量的な社会的インパクトだけでなく，消費者の行動様式の変化といった質的な社会的インパクトも与えます。

　特に近年では情報技術の進化による社会的インパクトが目を見張ります。SNS（ソーシャル・ネットワーキング・サービス）は，距離的な制約を埋め

て人と人を結びつけました。ネットショッピングサイトでは，店舗に行かなくても買い物ができるようになり，感染症が拡大し行動制限を受けるような時でも欲しいものが買えるようになりました。

　音楽業界では，レコードによって音楽作品を所有することができるようになり，CDの出現で品質が向上しました。SONY「ウォークマン」の世界的ヒットで，音楽を持ち歩くことができるようになり，移動しながら音楽を楽しめるようになりました。その後インターネットの出現により，音楽をダウンロードして楽しめるようになりましたが，一方で著作権侵害も多く，音楽業界が頭を悩ませる中，ビジネスチャンスとしたのがApple「iTunes」です。

　また，グローバル化が与える社会的インパクトも非常に大きいといえます。これまで国や地域を1つの経済単位と考えていましたが，グローバル化により地球規模の経済単位と捉えるようになりました。アパレル業界では，日本のブランドが，中国や東南アジアに生産拠点を持ち，日本市場のみならず世界市場で販売しています。自動車業界も，海外市場で販売する車の生産拠点を現地に持つようになりました。

　グローバル化するには，多言語対応やグローバル人材の採用，リスクマネジメント強化などの対策も必要になりますが，国際的な競争力をつけると同時に，ダイバシティやSDGs（Sustainable Development Goals）への対応がスムーズにできれば，企業価値の向上に繋がるでしょう。

3.3　事業創造への期待

　評価額10億ドル以上の未上場のスタートアップ企業はユニコーン企業と呼ばれています。さらに評価額100億ドル以上ではデカコーン企業，評価額1,000億ドル以上ではヘクトコーン企業と呼ばれます。2022年10月時点，全世界のユニコーン企業は1,144社，デカコーン企業は51社，ヘクトコーン企業は3社が存在します。

　2023年10月時点のユニコーン企業数は，米国652社，中国173社，インド71社に対して米調査会社CB Insights，日本は5社にとどまります（日本

経済新聞社「NEXT ユニコーン調査」）。日本政府は，ユニコーン企業を 100社にすることを目標に，2022 年 11 月に「スタートアップ育成 5 カ年計画」を策定し，支援策を強化しています。この計画は，スタートアップの起業や規模拡大・成長の加速や既存大企業によるオープン・イノベーションの推進を目的としています。

2023 年 10 月に経済産業省では，潜在力の高いインパクトスタートアップ[3]に官民一体で集中支援を行う「J-Startup Impact」を新設しました。ロールモデルとなることが期待される 30 社を選定し，社会的インパクト向上を目指す取り組みを支援しています。

今後の日本は，人口減少や少子高齢化により国内需要が低迷することが予想され，グローバル化による国際競争も激しく，企業の経営環境は著しく変化しています。このような中で企業が継続的に成長するためには，既存事業に留まらず，時代の変化に対応し，積極的に新市場開拓や新規事業展開に取り組んでいくことが重要なのです。

《注》
1)　TEA：各国の起業活動の活発さをあらわす指標として GEM が開発した指標。各国の起業活動者が成人人口に占める割合（％）で示される。
2)　イノベーション主導型経済：経済の発展段階によって起業活動の質は異なるため，GEMでは要素主導型経済（インド他 5 カ国），効率主導型経済（中国他 11 カ国），イノベーション主導型経済（米国他 31 カ国）の 3 つの経済圏に分類している。
3)　インパクトスタートアップ：社会的・環境的課題の解決や新たなビジョンの実現と，持続的な経済成長をともに目指す企業。

Research

1. 有名な企業がどんな事業創造をしているか，調べてみよう。

2. プロダクト・イノベーション，プロセス・イノベーションの例を調べてみよう。

3. 社会的インパクトが大きい事業創造とはどのようなものがあるか，調べてみよう。

Debate

1. 事業創造のメリット，デメリットを議論しよう。

2. どんなときにイノベーションが起きるのか，議論しよう。

3. 社会性とはなにか，経済性とはなにか，両立するにはどうしたらよいか議論しよう。

参考文献

日本経済新聞［2023］12 月 7 日。

井上善海［2022］『負けない戦略』中央経済社。

井上善海・遠藤真紀・山本公平他［2022］『企業経営入門』中央経済社。

中小企業庁［2017］『2017 年版中小企業白書』日経印刷株式会社。

松重和美・三枝省三・竹本拓治他［2016］『アントレプレナーシップ教科書』中央経済社。

Ansoff, H. I.［1965］*Corporate Strategy: An Analytic Approach to Business Policy for Growth and Expansion*, McGraw-Hill.（広田寿亮訳『企業戦略論』産業能率短期大学, 1969 年）.

Chesbrough, H.［2006］*Open Innovation: Researching a new paradigm*, Oxford University Press.（長尾高弘翻訳『オープンイノベーション：組織を超えたネットワークが成長を加速する』英治出版, 2008 年）.

Drucker. P. F［1985］*Innovation and Entrepreneurship*, HarperCollins e-books.（上田惇生翻訳『イノベーションと企業家精神【エッセンシャル版】』ダイヤモンド社, 2015 年）.

Global Entrepreneurship Monitor 2022/2023 Global Report
https://gemconsortium.org/report/20222023-global-entrepreneurship-monitor-global-report-adapting-to-a-new-normal-2（2023 年 12 月 24 日閲覧）.

Moore, G.［1991］*Crossing the Chasm: Marketing and Selling H igh-Tech Products to Mainstream Customers*, Harper Business Essentials.（川又政治翻訳『キャズム』翔泳社, 2002 年）.

Rogers, E.［2003］*Diffusion of Innovations Fifth Edition, Simon and Schuster*.（三藤利雄訳『イノベーションの普及』翔泳社, 2007 年）.

Schumpeter, J. A.［1926］*Theorie der wirtschaftlichen Entwicklung, Leipzig*, Verlag von Duncker & Humblot.（塩野谷祐一・中山伊知郎・東畑精一翻訳『経済発展の理論：企業者利潤・資本・信用・利子および景気の回転に関する一研究』岩波文庫, 1977 年）.

経済産業省［2023］「J-Startup Impact」
https://www.meti.go.jp/policy/newbusiness/J-Startup-Impact_Report2023.pdf（2024 年 1 月 2 日閲覧）.

トヨタ自動車株式会社［2023］「TOYOTA Sustainability Data Book」https://global.toyota/pages/global_toyota/sustainability/report/sdb/sdb23_jp.pdf（2023 年 12 月 24 日閲覧）.

内閣官房［2022］「スタートアップ育成 5 か年計画」
https://www.cas.go.jp/jp/seisaku/atarashii_sihonsyugi/pdf/sdfyplan2022.pdf（2024 年 1 月

2 日閲覧).

内閣府［2017］「日本経済 2016-2017」

https://www5.cao.go.jp/keizai3/2016/0117nk/keizai2016-2017pdf.html（2023 年 12 月 24 日閲覧).

みずほリサーチ＆テクノロジーズ株式会社［2022］「起業家精神に関する調査」https://www.meti.go.jp/policy/newbusiness/houkokusyo/GEM2022_report.pdf（2023 年 12 月 24 日閲覧).

文部科学省科学技術・学術政策研究所［2023］「全国イノベーション調査 2022 年調査統計報告」

https://nistep.repo.nii.ac.jp/records/2000019（2023 年 12 月 24 日閲覧).

CB Insights［2021］The Top 12 Reasons Startups Fail

https://www.cbinsights.com/research/report/startup-failure-reasons-top/（2023 年 1 月 29 日閲覧).

第 **2** 章 事業機会の発見と評価

Points

●事業創造の必要性を理解します。
●事業機会を発見するプロセスについて学びます。
●事業機会のリスク評価について学びます。

Key Words

事業創造，事業機会の発見，3C 分析，マクロ環境要因分析，
5 つの競争要因，VRIO 分析，SWOT 分析，事業リスク評価，事業機会の窓

1 事業機会の発見

1.1 事業環境の変化と事業機会

現代は，少子・高齢化・人口減少などの社会環境の変化に加え，デジタル化の進展による AI の普及やデジタルトランスフォーメーション（Digital Transformation，以下，DX）の浸透，カーボンニュートラルの実現といった社会ニーズの高まりや，戦争などによる社会情勢やサプライチェーンの不安定化も加わり，企業を取り巻く事業環境が急速に変化しています。

このような状況において，大企業，中小企業を問わず企業は，事業環境の変化に対応するため，環境変化に適応した事業を創造することで，存続・成長を実現する道を模索する必要があります。

1.2 事業機会とは何か

　ティモンズ（Timmons, J. A.）によると事業機会とは，「魅力，永続性，タイミングという要件を満たした，顧客に新たな価値の創造，あるいは付加価値を提供する製品やサービスを伴うもの」です。探し出した新製品や新市場を開発するだけではなく，新たな事業の仕組みを創造することも事業機会ととらえることができます（Timmons［1994］）。

　ドラッカーは，事業機会は見つけるものであり，やってくるものではないと述べています（Drucker［1964］）。運だけでは事業機会を創造することが困難であり，体系的に発見することが必要です。事業機会を発見するには，現在の事業環境の変化を捉えることに加え，先を見通す「先見力」を持つことが重要です。

　企業が存続・成長するための事業機会は，どこに存在しているのでしょうか。

　ドラッカーは，以下の3つの問いを立てることで明確になるとしています。

　まず，第1の問いは「事業を脆弱なものにし，成果を阻害し，業績を抑えている弱みは何か」，第2の問いは「事業内においてアンバランスになっているものは何か」，第3の問いは「事業に対する脅威として恐れているものは何か」です。第1と第2の問いは，企業内部に対する問いであるのに対し，第3の問いは企業を取り巻く事業環境に対する問いです（Drucker［1964］）。

　企業や産業にとっての脅威は，市場，顧客，知識などの環境の変化から予期されるものであり，既存の確立されたモノ（または，サービス）に固執すれば，変化に対応できずに破滅してしまいます。事業機会は，将来の事業環境の変化を捉えることであり，変化は，人口動態，知識，他の産業・国・市場，産業構造などの外部の変化と，企業内部の変化からもたらされます。

　さらに，サラスバシー他（Sarasvathy, S. D. 他）は，事業機会には以下の3つの類型があるとしています。

　1つ目は，認識された事業機会（opportunity recognition）であり，すでに存在する需要に既存の供給手段を組み合わせることで生まれる事業機会です。需要と供給の両方が存在する場合に両者を結びつける機会を認識し，既

存企業や新規企業が事業機会を開発し実現します。

2つ目は，発見された事業機会（opportunity discovery）であり，需要と供給の片方のみが存在し，存在しない需要（または供給）を発見することで生まれる事業機会です。

3つ目は，創造された事業機会（opportunity creation）であり，供給も需要も存在しない場合，どちらか一方，あるいは両方を「創造」することで生まれる事業機会です（Sarasvathy 他［2003］）。

1.3　事業機会の探索

事業機会は，企業を取り巻く事業環境の変化に大きく起因します。人口動態等の顧客の変化，競合企業の状況，企業内部の変化から，事業機会の存在を確認することができます。事業機会の存在は，3C分析を用いることが有効です。

3C分析とは，Customer（顧客・市場），Competitor（競合），Company（自社）の3つの要素の外部環境と内部環境を分析することで，外部環境の変化と自社の強みや弱みを客観的に把握し，事業機会の存在を発見します（**図表2－1**）。

図表2－1　3C分析

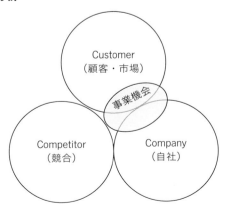

出所：筆者作成。

企業は，顧客や市場の変化から顧客が求めているニーズを考察し，競合との差別化を前提に，自社の強みを活かして顧客ニーズを実現できる領域を事業機会ととらえることができます。

1.3.1 顧客・市場分析

企業が存続や成長をするためには，企業外部の事業環境の変化に適応することが求められます。そのため，顧客と市場（3C分析の「Customer」）を分析し，事業環境の変化を捉え，顧客や市場のニーズの変化から事業機会を導き出します。顧客・市場の分析には，マクロ環境要因分析表を活用します（図表2-2）。

マクロ環境要因分析では，まず，「環境要因の動向」を調査し，「顧客ニー

図表2-2　マクロ環境要因分析表

区分	環境要因	環境要因の動向	顧客ニーズの変化	顧客ニーズの自社への影響	事業機会草案
政治環境	国・地方公共団体の政策				
	法律・条例の改正に伴う規制緩和・規制強化				
	国際情勢				
経済環境	GDP（GNP）				
	DI				
	株価				
	為替				
	国際経済				
社会環境	出生率・年齢構成・世帯構成などの人口推移				
	都市化・過疎化などの地域社会動向				
技術環境	ICTによる技術革新				
	新技術				
文化環境	価値観				
	ライフスタイル				
自然環境	地球環境問題				
	資源・エネルギー問題				

出所：井上他［2022］をもとに筆者作成。

ズの変化」を予測します。分析対象は，政治環境，経済環境，社会環境，技術環境，文化環境，自然環境です。それぞれ以下のように整理できます。

(1) 政治環境

国や地方公共団体の政策や予算，法律の改正，国際関係などの動向を確認します。特に法改正による規制の緩和や強化が事業機会に大きく影響します。

たとえば，2016年から始まった一般家庭向け電力小売の自由化では，電力業界に市場競争がもたらされ，多くの企業が事業機会ととらえ，参入しました。

(2) 経済環境

GDP（GNP），DI（Diffusion Index）[1]，株価，為替，国際経済などの動向を確認します。近年は，グローバル化の進展により，為替や国際情勢が事業に大きく影響します。また，グローバルサウス（Global South）諸国の経済発展に伴い，それらの国での事業機会を模索する企業が増えています。

(3) 社会環境

人口動態や社会課題などの動向を確認します。たとえば，高齢化によって介護関連事業などの事業機会があると想定されますが，近年の高齢者の多くは，統計的に健康で活発に社会活動を行っていることから，介護以外の領域でも高齢者を対象とした事業機会が模索されています。

(4) 技術環境

デジタルに関する新技術などの動向を確認します。近年は，企業のDX推進によって，FinTech（金融のデジタル化），EdTech（教育のデジタル化），AgriTech（農業のデジタル化）など，あらゆる事業分野において，事業機会が模索されています。また，生成AIなどの先進技術を活用し，新規事業を立ち上げる企業もあらわれています。

(5) 文化環境

　顧客の価値観やライフスタイルが大きく変化しています。顧客のニーズや購買行動などの動向からは，生活時間帯の深夜化や，ワークライフバランスを重視した働き方などが事業機会になると考えられます。また，生活の意識面での変化については，内閣府の「国民生活に関する世論調査」，東京大学社会科学研究所の「働き方とライフスタイルの変化に関するパネル調査」など公表されている調査データ（オープンデータ）が活用できます。

(6) 自然環境

　地球規模での環境問題，エネルギー問題などの動向を確認します。地球温暖化，海洋汚染，水質汚染，大気汚染，森林破壊などの課題を解決するための事業や，SDGsを推進するための事業が考えられます。

　地球温暖化の抑止として，温室効果ガスを排出する化石燃料の依存度を下げる動きが見られます。化石燃料に代わるエネルギーへの転換なども事業機会としてとらえることができます。

　続いて，顧客ニーズの変化をもとに「顧客ニーズの自社への影響」を分析したのち，「事業機会草案」を取りまとめます。

　それぞれのマクロ環境要因の項目をもとに，顧客ニーズの変化について予測した上で，自社の製品・サービスを対象に影響を分析し，事業機会の草案について考察します。

　事業機会草案は，サラスバシーの3つの事業機会（認識された事業機会，発見された事業機会，創造された事業機会）も活用できます。

　企業において顧客ニーズに関連した製品・サービスが存在しない場合は，新たな事業機会の草案を考察します。こうした事業機会の考察がイノベーションにつながります（第1章参照）。

　ビジネスアイデア創出については，第3章にて詳述します。

1.3.2 競合分析

　競合（Competitor）分析によって，企業や業界を取り巻く産業構造の特徴を確認します。企業を取り巻くステークホルダー（stakeholder，利害関係者）との関係性を分析することを目的としたフレームワークとして，ポーター（Porter, M. E.）の「5つの競争要因（Five Forces）」があります（Porter［1980］）（**図表 2－3**）。

　5つの競争要因は，企業が属する業界における新規参入業者，供給業者（売り手），顧客（買い手），代替品，競争業者をあげ，それぞれの交渉力や脅威を分析することで，ステークホルダーがもたらす自社への影響を認識できます。

　新規事業を立ち上げる視点から，5つの競争要因を活用してみましょう。

図表2－3　5つの競争要因

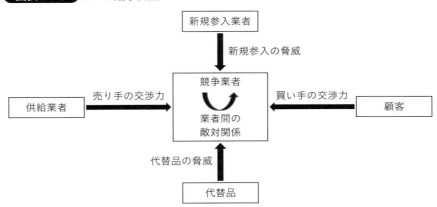

出所：Porter［1980］をもとに筆者作成。

(1) 既存企業同士の競争

　新規事業の立ち上げにおいては，すでに同一事業に参入している競合企業が脅威となります。競合企業が強みを発揮している事業領域においては，新規事業で利益を確保することは容易ではありません。既存企業同士の競争には，①同業者の多さ，②同一規模の業者の数，③業界（事業）の成長が遅い，

④固定費または在庫コストが高い，⑤製品・サービスの差別化の有無，⑥スイッチングコストが不要，⑦急激な規模の経済性の要求，⑧撤退障壁の大きさがあります（井上他［2022]）。

(2) 売り手の交渉力

新規事業を立ち上げる際，企業が資材などを調達する供給業者（仕入先）が強い交渉力を発揮することがあります。企業から供給業者への依存度が高ければ，資材調達等において脅威となるためです。売り手の交渉力には，「供給業者の独占的状態」「供給業者が提供している製品の代替品の有無」「供給業者における顧客の重要度」「自社における供給業者の重要度」「供給業者のスイッチングコスト」があります。

(3) 買い手の交渉力

新規事業の立ち上げにおいて，買い手（顧客）が強い交渉力を発揮することもあります。顧客の価格交渉力や，品質に対する強い要求，特定の顧客への依存度が高い場合には，新規事業の立ち上げに脅威となります。買い手の交渉力には「買い手への取引量」「買い手の購買全体における取引比率」「買い手にとっての製品・サービスの差別化の度合い」「買い手の購入先スイッチングコストの高低」「製品・サービスの品質への依存度」「買い手の情報量」があります。

(4) 代替品の脅威

新事業立ち上げ時に，自社が提供する製品・サービスの代替品が登場した場合には脅威となります。特にその代替品が顧客のニーズを満たしている場合には脅威が高まります。代替品の脅威には，「代替製品・サービスへのスイッチングコスト」「代替品コストパフォーマンス」「高収益を上げている業界（企業）による生産」「代替品の成長による潜在的利益の縮小」があります。

⑸　新規参入の脅威

　企業が新規事業を立ち上げる場合には，自らが新規参入者となります。この場合，既存企業は，参入障壁を構築して，新規参入を阻みます。ただし，参入障壁が低ければ，新規事業への参入が容易になります。

　既存企業が構築する参入障壁には，①規模の経済性，②製品差別化，③巨額の投資の必要性，④仕入先のスイッチングコスト，⑤流通チャネルの確保，⑥独占的な製品・サービス，⑦政府の政策があります（井上他［2022］）。

　5つの競争要因の分析によって，新規事業を立ち上げる企業は，競争業者との比較から自社の長所短所を理解できるとともに，業界全体でのポジションを確認することで，自社の事業機会を明らかにすることができます。

1.3.3　自社分析

　自社（Company）分析を行うことで，自社の経営資源の強み・弱みを分析します。経営資源とは，ヒト・モノ・カネ・情報という企業が経営活動を遂行する上で必要な資源や能力のことです（第5章参照）。自社の経営資源を分析するために VRIO 分析と SWOT 分析を活用します。

　バーニー（Barney, J. B.）は，経済価値（Value），希少性（Rarity），模倣困難性（Inimitability），組織（Organization）という視点から4つの問いに答えることで，企業の経営資源を分析する VRIO 分析を提唱しました（Barney［2002］）（**図表 2 − 4**）。

図表2−4　VRIO分析

価値があるか	希少か	模倣コストは大きいか	組織的に活用されているか	競争優位の意味合い	経済的パフォーマンス
No			No	競争劣位	標準を下回る
Yes	No			競争均衡	標準
Yes	Yes	No		一時的競争優位	標準を上回る
Yes	Yes	Yes	Yes	持続的競争優位	標準を上回る

出所：Barney［2002］をもとに筆者作成。

⑴ 「経済価値」への問い

企業が保有する経営資源は事業機会に適応することが可能であるか。

⑵ 「希少性」への問い

その経営資源を保有しているのは，ごく少数の企業か。

⑶ 「模倣困難性」への問い

競合企業が入手，あるいは開発する際にコスト上の不利に直面するか。

⑷ 「組織」への問い

価値があり希少で模倣困難な経営資源を活用するために，組織的な方針や手続きが整っているか。

　企業は，保有する経営資源に価値があり，希少性が高く，模倣困難性が高いと評価できれば，一時的な競争優位を保有していることになります。また，その資源を活用するための組織能力が整っているならば，持続可能な競争優位を保有していることになります。持続可能な競争優位を確保している企業ほど，企業としての明確な強みがあるため，事業機会を有効に活かせると考えられます。

　また，アンドルーズ（Andrews, K.R.）は，内部環境（経営資源）である強み（Strength）と弱み（Weakness），外部環境である機会（Opportunity）と脅威（Threat）から事業機会を考察するSWOT分析を提唱しました（Andrews［1971］）**（図表2-5）**。

　外部環境における機会と脅威は，マクロ環境要因分析の環境要因ごとに整理した「自社への影響」や5つの競争要因から考察します。その際，顧客ニーズの変化や技術の進化に関しては，機会にも脅威にもなるため注意が必要です。

　内部環境の強みと弱みは，VRIO分析の4つの問いに対して，経営資源（ヒト・モノ・カネ・情報）を分析し，自社の強みと弱みを明らかにした上で，

図表2-5　SWOT分析

	プラス要因	マイナス要因
内部環境	Strength （強み）	Weakness （弱み）
外部環境	Opportunity （機会）	Threat （脅威）

出所：Andrews［1971］をもとに筆者作成。

事業創造につながる戦略オプション（選択肢）を立案します。具体的には，強みを機会に投入する戦略，脅威を強みで回避する戦略，弱みを補完して機会を活かす戦略などの戦略オプションをもとに新規事業を立案します。

2 事業機会の評価

2.1 リスクとは

　新規事業の立ち上げにおいては，戦略オプションに対し，経営資源の評価に加え，事業化に向けた事前のリスク評価とリスクコントロールを行います。

　一般的にリスクはマイナス要因とされますが，本来はプラス要因も含めた不確実性を指します。新規事業にはリスクが伴うため，適切なリスクの把握とコントロールが求められます。そのため，リスクを洗い出し，リスクの高さ，リスク対策の方法やコストを評価した上で，新規事業から見込まれる収益（リターン）がリスクを上回る価値があることを確認します。

2.1.1 リスクの類型

　一般的にリスクは「純粋リスク」と「投機的リスク」に分類されます。

図表2−6 新規事業のリスク

リスク区分	具体例
事業機会に関連するリスク	・ 新事業分野への進出に係るリスク（新たな事業分野への進出の成否等） ・ 設備投資に係るリスク（投資規模の適否等） ・ 製品・サービス開発戦略に係るリスク（開発の成否等） ・ 資金調達戦略に係るリスク（増資又は社債，借入等の成否や調達コスト等）
事業活動の遂行に関連するリスク	・ モノ，環境等に関する災害リスク（地震,不適切な工場廃液処理等） ・ 情報システムに関するリスク（セキュリティの不具合による情報漏えい等） ・ 商品の品質に関するリスク（不良品の発生・流通等） ・ コンプライアンスに関するリスク（法令違反等） ・ 財務報告に関するリスク（粉飾決算等）

出所：中小企業庁［2016］をもとに筆者作成。

　純粋リスクとは，事業によって損失が発生するリスクのことです。投機的リスクとは，損失だけではなく利益を生む可能性のあるリスクのことです。新規事業はリスクが伴うため，投機的リスクを前提に考える必要があります。

　また，新規事業のリスクは「事業機会に関連するリスク」と「事業活動の遂行に関連するリスク」にも分けられます（中小企業庁［2016］）。

　事業機会に関連するリスクとは，戦略的な意思決定にかかわるリスクであり，新事業分野への進出に係るリスクや，設備投資，製品・サービスの開発に係るリスク，資金調達に係るリスクなどがあります。

　事業活動の遂行に関連するリスクとは，実務上で発生するリスクであり，災害発生時や情報漏えいなどのリスクや品質，コンプライアンスに関する事業リスクなどがあり，適正かつ効率的な事業遂行に関するリスクです（**図表2−6**）。

2.1.2 事業機会のリスクコントロール

　リスクコントロールには，適切なリスクマネジメントが求められます。リスクマネジメントは，リスクを組織的に管理することです。企業はリスク回避やリスク低減のため，リスクコントロールを担う組織を整備しておく必要

があります。リスクマネジメントには，以下の8つのプロセスがあります。

(1) リスクの発見及び特定

まず，企業は事業に伴うリスク要因を発見し，リスクの特定を行います。

リスクには，すでに判明している顕在リスク，今後発生する可能性のある潜在リスクがあります。その他にも，事業に関係するリスクとして，財務リスク，戦略リスク，オペレーションリスク，チームリスク，マーケティングリスクなどがあります。企業はそれぞれのリスクを発見し特定します（高橋[2005]）。

(2) リスクの算定

特定したリスクの発生確率と，リスクが顕在化した場合の影響度を算定します。定量的な評価が困難な場合には，定性的に評価を行い，リスクを大・中・小などの形に分類することが一般的です。

(3) リスクの評価

リスクを算定した結果を評価し，リスクに優先順位をつけます。

(4) リスク対策の選択

優先順位の高いリスクが顕在化した場合の対応策を検討します。対応策には，損失の発生頻度と大きさを減じるリスクコントロール（回避，損失防止，損失削減，分離・分散）と，損失を補てんするための金銭的な手当を行うリスクファイナンシング（移転，保有）があります（**図表2-7**）。

(5) リスク対策の実施

リスクマネジメントを適切に遂行するためのシステムを構築します。また，リスクの顕在化を監視・評価する組織や管理者を決めます。

図表2-7 リスク対策の選択

リスク区分	手段	具体的な対策
リスクコントロール	回避	リスクを伴う活動自体を中止し，予想されるリスクを遮断する対策。リターンの放棄を伴う。
	損失防止	損失発生を未然に防止するための対策，予防措置を講じて発生頻度を下げる。
	損失削減	事故が発生した際の損失の拡大を防止・軽減し，損失規模を抑えるための対策。
	分離・分散	リスクの源泉を一箇所に集中させず，分離・分散させる対策。
リスクファイナンシング	移転	保険，契約等により損失発生時に第三者から損失補てんを受ける方法。
	保有	潜在リスクを意識した対策を講じず，損失発生時にリスクを自己負担する方法。

出所：中小企業庁［2016］をもとに筆者作成。

(6) 残留リスクの評価

実際にリスクが発生し，リスク対策を実行した後，残留リスクが当初想定していた水準で収まったか，について評価します。

(7) リスクへの対応方針や対策のモニタリングと是正

リスクが顕在化した場合に限らず，定期的なリスクのモニタリング（監視）によって，リスクの洗い出し方法や対応方法について見直しを行います。

(8) リスクマネジメントの有効性評価と是正

リスクマネジメント全体が，適切かつ効率的なシステムで運用されているか，について有効性も含めて評価し，必要に応じて是正します。

2.2 新規参入時期の判断

企業は，新規事業を立ち上げるために市場の状況を踏まえ，参入のタイミ

図表2−8 事業機会の窓

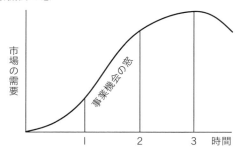

出所：Bygrave & Zacharakis［2008］をもとに筆者作成。

ングを見極めます。新規事業の参入時期については，バイグレイブ（Bygrave, W.）とザカラキス（Zacharakis, A.）が，イノベーションのＳ字カーブ（S-curve）モデルをもとに，「事業機会の窓」を提唱しています（**図表2−8**）。

　イノベーションのＳ字カーブとは，時間の経過とともに市場の需要の広がりを示したグラフです。

　時間軸［1］のタイミングでは，認知度が高まり，市場が急成長します。時間軸［2］と［3］の間のタイミングにおいては，市場に支配的な製品・サービスが出現し，市場獲得を狙う競合企業も参入を図ります。需要が供給を上回り，多くの企業が市場に参入します。時間軸［3］を過ぎると需要と供給は等しくなるため，シェア獲得を目的とした，価格競争が起きます。

　つまり，事業機会の窓は，時間軸［1］から［2］の間で開いており，企業は事業機会の窓が開いているタイミングにおいて市場に参入する必要があります。

《注》
1）　DIとは企業の業況感や設備，雇用人員の過不足などの各種判断を指数化したもの。

Research

1. 現在の社会環境の変化を調査し，社会変化にはどのようなものがあるか考えてみよう。
2. ある業界を取り上げて，社会変化による市場や顧客のニーズの変化を考えてみよう。

3. 近年の新事業を取り上げ，どのような市場・顧客ニーズの変化に対応した事業となっているのか考えてみよう。

Debate

1. 現在の社会環境の変化を調査した結果をもとに，どのような市場・顧客ニーズの変化があるのか，議論しましょう。
2. 市場・顧客ニーズの変化から，どのような事業機会がもたらされるでしょうか，また，その事業機会のリスクについて議論しよう。

参考文献

井上善海・大杉奉代・森宗一 [2022]『経営戦略入門（第 2 版）』中央経済社。

高橋徳行 [2005]『起業学の基礎：アントレプレナーシップとは何か』勁草書房。

Andrews, K. R. [1971] *The Concept of Corporate Strategy*, Dow Jones-Irwin. (山田一郎訳『経営戦略論』産能大学出版部，1976 年).

Barney, J. B. [2002] *Gaining and Sustaining Competitive Advantage*, Second Edition. (岡田正大訳『企業戦略論（下）全社戦略編』ダイヤモンド社，2003 年).

Bygrave, W., & Zacharakis, A. [2008] *Entrepreneurship* (2nd ed.). Hoboken, NJ: Jhon Wiley & Sons. (高橋徳行・田代泰久・鈴木正明訳『アントレプレナーシップ』日経 BP，2009 年).

Drucker, P. F., [1964] *Managing for Results*, Harper & Row Publishers, Inc., (上田惇生訳『創造する経営者』ダイヤモンド社，2007 年).

Porter, M. E., [1980] *Competitive Strategy*, Free Press. (土岐坤・服部照夫・中辻萬治訳『競争の戦略』ダイヤモンド社，1982 年).

Sarasvathy, S. D., Dew, N., Velamuri, S. R., & Venkataraman, S., [2003] *Three views of entrepreneurial opportunity*. Handbook of entrepreneurship research (pp. 141-160) Springer.

Timmons, J. A., [1994] *New Venture Creation*, 4th edition, Richard D. Irwin., (千本倖生・金井信次訳『ベンチャー創造の理論と戦略』ダイヤモンド社，1997 年).

中小企業庁 [2016]「中小企業白書（2016 年版）第 4 章稼ぐ力を支えるリスクマネジメント」。https://www.chusho.meti.go.jp/pamflet/hakusyo/H28/PDF/h28_pdf_mokujityuu.html（2023 年 11 月 1 日閲覧).

第 **3** 章 ビジネスアイデアの
創出

Points

●事業機会の発見やビジネスアイデアの創出について理解します。

●アイデアを阻む要因について学びます。

●事業化のためのビジネスアイデアの考え方や評価の仕方について学びます。

Key Words

ビジネスアイデア，発想法，チェックリスト，ブレインストーミング，KJ 法，
ビジネスアイデアの評価

1 事業機会の見つけ方とビジネスアイデアの出し方

1.1 需給ギャップを考える

　まずは，どのような場面で事業が創出されるのか考えてみましょう。社会や経済において，需要と供給の間にギャップがある状況下で新規事業が創造されます。つまり，何らかの需要（嗜好・ニーズ）に対し，供給が追いついていない状況で事業機会が生まれています。そのため，需給のギャップがある状況を世の中から探すことが，事業機会を見つけるということにつながります。

　たとえば，コロナ禍で外出や人との接触が制限され，リアル店舗ではなく，ネットなど通販での購買需要が増すことで，宅配ビジネスや運送業界に新規事業が生まれました。このように，需要はあるものの，製品・サービスの供給が追いつかない分野では，需要を満たすために新たな供給手段が考え出さ

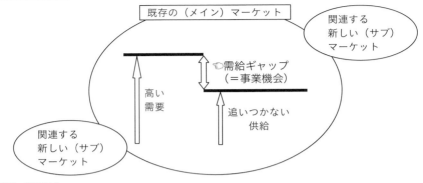

図表3−1 需供のギャップと新たなビジネスの創造

出所：筆者作成。

れます。しかし，その市場の需要が満たされると，需給が「均衡」し，その後は競争が激しくなるため，事業機会は一旦なくなります（**図表3−1**）。

1.2　需給ギャップから生まれるサブ・マーケット

　需給ギャップから生まれる新規事業は，需要が満たされた段階で完全に終わってしまうわけではありません。メインの市場が飽和状態になっても，その市場の周辺に新たな事業機会としてのサブの市場が生まれ，その市場に対して供給が追いつくまでは，新たな供給手段が考え出されていきます。

　たとえば，先ほどの宅配サービスでも，複数の店舗に注文した商品を一括で集荷して配達してくれるサービスからの選択だけではなく，好みに合わせたオーダーメイド商品を配達してくれるサービス，さらには，これまで宅配サービスを利用しなかった人たちをターゲットにした新商品開発など，高付加価値の製品・サービスが新たに生まれます。逆に，高付加価値ではなく「安くて簡単なサービスでよい」というニーズもあるならば，決まった商品を定期的に配達してくれるようなシンプルな宅配ビジネスも新たに生まれてきます。

　こういった高級志向や低価格志向など，顧客の需要（嗜好・ニーズ）に合わせた新しい供給手段を考え，メインの市場だけでなくサブの市場を含めた

ビジネス展開を図ることで，継続的な売上の確保が可能となります。

1.3 市場の「困りごと」が事業機会となる

　ビジネスとは，市場の「困りごと」に対して，それを解決しうる製品・サービスを開発・供給し，その対価としてお金をいただくことです。そのため，ターゲットとなる顧客の「困りごと」が事業機会を見つけることにつながります。「不安」「不満」「不便」「不足」など，世の中にある「不」を見つけ，「困りごと」の解決策となる製品・サービスを提供できないか，考えるとよいでしょう。

　個人だけでなく，企業の困りごとは何か，その解決策は何か，という視点で市場を見渡しましょう。意外なところに事業機会が隠れています。

　世の中の「不」を見つける作業は，世の中の仕組みや事象に対して，「それが普通」「あたり前」という既成概念や常識を棄て，世の中の本質を見抜き，「もっと良くならないか」という視点を持つことが必要になります。

　たとえば，「紙おむつは，赤ちゃんが使うモノ」と考えてしまうのではなく，「紙おむつ」が「失禁」という「不」の現象を解決するモノと考えれば，高齢者等の「失禁」に対応する製品となりうることが想像できると思います。

1.4 オズボーンの「チェックリスト」を活用しよう

　「困りごと」やその解決策のアイデアを見つけるための手法を紹介します。

　アイデアを創出する方法のひとつとして，オズボーン（Osborn, A. F.）は，9つのキーワードから成る「チェックリスト」を考案しました（Osborn［1952］）。

　このチェックリストは，アイデアを出していくための切り口として，既存の製品やサービス，情報や事象をあてはめながら，考えや発想を広げる上では，とても有効なツールです（**図表 3 - 2**）。

図表3-2 オズボーンの「チェックリスト」

No.	キーワード	意味	発想の視点
1	転用	他に使い道はないか (Other Use)	・そのままで新しい使い道はないか ・少し変更または改善・改良したら新しい使い道があるのでは？ ・既存の製造ラインで別のモノを作ってみたら
2	応用	他からアイデアが 借りられないか (Adapt)	・他に似たものはないか ・過去に似た事例はなかったか ・真似できないか ・この方法を別の作業・別の製造ラインで活用できないか
3	変更	変えてみたら (Modify)	・色や形，匂いや音，意味や動き，あるいは形式・様式を変えてみたら ・見え方・見せ方や使い方を変えてみる ・別の方法で同じ作業ができないか
4	拡大	大きくしてみたら (Magnify)	・何かを付け加えたら，一緒にしたら ・長くしたら，強くしたら ・時間をかけたら，回数を増やしたら ・その作業をまとめてしたら
5	縮小	小さくしてみたら (Minify)	・薄くしたら，軽くしたら ・短くしたら，弱くしたら ・小分けにしたら ・その作業をやらなくしたら
6	代用	他のモノで代用したら (Substitute)	・他の素材・材料・部品を使ったら ・他の工法に代えたら ・別の人・機械・工具・製造ラインで行ったら
7	再配置	入れ替えてみたら (Rearrange)	・要素を入れ替えたら ・順序を変えたら ・他のパターン（レイアウトやアレンジ）に代えたら ・原因と結果を置き換えたら
8	逆転	逆にしてみたら (Reverse)	・反対にしたら ・機能や役割を逆にしたら ・裏返しにしたら ・上下，左右を逆にしたら
9	結合	組み合わせてみたら (Combine)	・違うアイデアや用途を組み合わせたら ・同じ時期に使うモノを一緒にしたら ・異なる作業を組み合わせたら ・前後の工程を組み合わせたら

出所：Osborn［1952］をもとに筆者作成。

(1) 転用（Other Use）

既存の商品のまま，あるいは，少しだけ変えて新しい用途を提案する方法です。たとえば，軍事用に開発された後，民間転用されたインターネットの事例や，豆腐や牛乳を製造するラインを持つ「業務スーパー」では，同じラインを安価なチーズケーキや羊羹の製造に転用している事例があります。

(2) 応用（Adapt）

他に似たモノがないか，他のアイデアを応用できないか，と考えます。たとえば，他業種の事例を参考にする，他社の商品開発アイデアを活用するなどです。他の地方で有名なお土産品を，名前や商品内容を少し修正して自社のエリアで実行するという事例（信玄餅と筑紫もちなど）もあります。

(3) 変更（Modify）

既存のモノの色や形あるいは形式や意味を変えてみます。たとえば，パソコンはシンプルなデザインで機能・性能がアピール・ポイントと思われていましたが，初期のアップル社製パソコンは，機能・性能だけではなくデザイン性を強調することで売上を伸ばしました。

(4) 拡大（Magnify）

何かを加えたらどうか，もっと大きくしたり，回数を増やしたり，誇張してはどうか，というように大きさや機能性を拡大・拡充します。たとえば，シャープペンシルと4色のボールペンを一緒にした複合ペンや，あえて大型化しスタイリッシュなデザインを採用した携帯用ヘッドホンなどの事例があります。

(5) 縮小（Minify）

分割したら，小型化したら，やめたら，と考えてみます。たとえば，「限定商品」として希少性をアピールする方法や，ターゲットを絞りサービスをとがらせることで需要を喚起する方法です。また，ミニバッグのようにあえ

て小型化しファッション性や「かわいい」という評価のみを狙うという事例もあります。

(6) 代用（Substitute）

従来とは異なる素材や材料に代えてみます。たとえば，ゴルフクラブの素材はヘッドが木質からメタル，シャフトはスチールからカーボンに進化しました。地球環境への配慮から，ストローの材料もプラスチックから紙やデンプンに移行しています。また，労働者による作業を機械化・自動化して無人化するという取り組みもあります。

(7) 再配置（Rearrange）

順序を変えたり，原因と結果を入れ替えてみるなど，今ある事象を置き換えてみます。たとえば，組立と塗装の順番を，組み立ててから塗装するのではなく，部品を塗装してから組み立てるという順番に変えることで，細部の塗装の仕上がりが向上し，高級感が増すことがあります。

(8) 逆転（Reverse）

機能や役割を逆にしたり，立場を入れ替えてみます。たとえば，革製品では裏皮（バックスキン）であるスエードやヌバックの靴やコートは独特な味わいある製品になります。またネットの口コミサイトではユーザーにサービス拡充の役割を担ってもらうという役割・立場の逆転を利用する方法もあります。

(9) 結合（Combine）

目的を結合したらどうか，アイデアを結合したらどうか，と考えてみます。たとえば，停電が予想される災害時用の懐中電灯には発電機能やラジオ機能を付けておく。コーヒーを飲みながら，ゆっくり好みの書籍を選び，購入してもらうために，書店の中にカフェを設けるなどがあります。

新規事業のアイデアを，ただ机に向かって考えてみてもなかなか良いアイデアは出てこないでしょう。しかし，この9つのキーワードを切り口に考えていけば，手がかりがない状態よりも，かなりスムーズに考えることができます。

また，日ごろの生活の中でも，常にアンテナを立てておき，ビジネスになりそうなネタを収集したり，発想してみたりすることが大切です。たとえば，街を歩いているとき，電車の中で人の動きや景色を眺めているとき，あるいは誰かの話を聞いているときなど，あらゆる機会に情報やネタを仕入れようとする姿勢が大切です。

2 アイデアを阻む要因

世の中の「不」を意識し，ネタ探しを心掛けておけば，ビジネス・アイデアは見つかるものです。しかし，先入観がネックになり，良いアイデアが見つけ出せなくなることがあります。そこで，アイデアを阻む要因について考えます。

2.1 オリジナリティにこだわり過ぎる

成功する事業とはどのような事業でしょうか。答えは「他社にない優位性を持ったオンリーワン・ビジネス」ということになります。オンリーワンにこだわり，いろいろな情報を集め「これは！」というアイデアが出たとしましょう。しかし，Webで検索すると，すでに誰かが似たような事業に取り組んでいる，ということがよくあります。それでは，このアイデアではダメなのでしょうか。

そんなことはありません。最初から，誰も思いつかなかった画期的なアイデアを思いつくのは至難の業です。これを追求し過ぎてしまうと，すべてのアイデアがダメになってしまい，前に進めません。過去の成功事例も，最初

から素晴らしいアイデアだった訳ではありません。思いついたアイデアが，世の中に既にある事業だったとしても，少し工夫してオリジナリティを加えれば，立派なオンリーワン・ビジネスに仕立て上げることは可能です。

最初からオリジナリティを求めすぎると，アイデアが出なくなり，事業機会を逃がしてしまう結果になりかねません。

2.2 自由な発想にこだわり過ぎる

世の中を少し先に行く新しい事業のアイデアを考えるためには，「自由に考え，条件をつけない方が良い」という意見もあるでしょう。しかし，新しいアイデアが何も出てこない，という状況を引き起こしかねません。

むしろ，条件や枠を設定してテーマを絞り，その中で考えた方がはるかにたくさんのアイデアが出てきます。アイデアは「無」から生まれるのではなく，何かをキッカケにして生まれます。

2.3 具体化にこだわり過ぎる

良い事業のアイデアを思いついたとしても，それを現実の事業として実行し，成功させるためには，多くの課題を一つひとつ解決する必要があります。

大きな課題でも，内容を整理して細かく分解し，それぞれ丁寧に対応していけば，解決できないことはありません。最終的には，成功するまでこの作業を続けていく必要があります。課題の大きさにたじろぎ，途中で諦めてはいけないのです。また，成功したとしても課題がなくなるわけではありません。企業が継続的に成長し発展するためには，さらなる課題に取り組む必要があります。

逆に，どんなにすばらしいアイデアも，最初から具体性が十分で，課題のない完璧なアイデアなどあり得ません。

成功する事業のアイデアを考えるなら，多少，困難な課題を抱えたアイデアの方が良いかもしれません。他者にとって参入しにくく，実現が難しい方

が，他者との差別化やオンリーワンにつながります。

　アイデアの創出段階で具体性にこだわり過ぎると，ついつい安易な道を選んでしまい，面白味に欠けるアイデアになる可能性があるため注意が必要です。

2.4　全体だけを見て細部を見ない

　「木を見て森を見ず」という言葉があります。物事の細部にこだわり過ぎると，その本質や全体像を見失ってしまうという意味です。しかし，ビジネス・アイデアの創出に関しては，逆に「森を見て木を見ない」ことの弊害の方が大きいといえます。

　「森」とは全体のことです。市場を全体的に，ただ漠然と見ていても，そこにある問題点や「不」の存在は見つかりません。市場を細かく分類（セグメント化）して分析し，そこに存在する「不安」「不満」「不便」等を見つけ，それに対応していくことが大きな事業機会となります。

　たとえば，大手メーカーは規模を追求するため，市場のボリューム・ゾーンのニーズに対応します。結果として，ボリューム・ゾーンから外れた細かなニーズや特異なニーズは取り残されることになります。これらの取り残されたニーズに着目し，対応する事業を考えれば，大手メーカーとの差別化や棲み分けができ，市場の独占も狙えます。いわゆるニッチ（隙間）市場の独占です。

　前節では「日ごろの生活の中でも，常にアンテナを立てておき，ビジネスになりそうなネタを収集したり，発想してみたりすることが大切」と述べましたが，世の中をただ漠然と見ているだけでは，新たなニーズや市場の「困りごと」の発見につながりません。細部にこだわり，粘り強く観察していくことが，良いビジネス・アイデアを生み出すことにつながります。

3 ビジネスアイデアの考え方と評価

3.1 ビジネスアイデアの考え方

　成功する事業のアイデアを導き出すためには，発想についての「考え方」
や「手順」が重要です。

　具体的に成功する事業のアイデアを考える上で，重要な「考え方」として
は，テーマ（分野）を絞ることや，自社の既存の経営資源を有効に活用でき
る分野での事業のアイデアであることがあげられます。

　また，自社の経営資源が活かせる特定の分野を絞り込むには，どのような
「手順」で進めればよいでしょうか。それは，あなたの「好きなこと」「得
意なこと・できること」「時流にのっていること」を手がかりにするとうま
くいくでしょう。

3.1.1 「好きなこと」を見つける

　「好きこそものの上手なれ」という言葉があります。好きなことは上達し
やすい，という意味です。

　ベンチャー企業の成長過程は，創業準備段階のシードステージ，創業直後
のアーリーステージ，事業が軌道に乗り始めるミドルステージ，経営が安定
するレイターステージに分けられますが，各ステージへのステップアップが
何も問題なく順調に進むということはありません。

　成長段階でさまざまな課題に遭遇し，一つひとつをクリアしていかなけれ
ばなりませんが，それは苦難の道と言っても過言ではありません。ここでそ
のビジネスが「好きでもないこと」であれば，苦難に遭遇したときに「へこ
たれて」しまい，諦めたり，辞めたくなりますが，「好きなこと」であれば，
逆境はモチベーションアップの糧になることさえあります。

　自分の「好きなこと」がすぐに出てこない人は，これまで何にいちばん熱

意を持って打ち込むことができたかなど，過去を振り返ってみると良いでしょう。

3.1.2 「得意なこと・できること」をみつける

次は，自分が「得意なこと」や「できること」を探しましょう。「得意なこと」は，同時に「好きなこと」である可能性が高いためです。これも「好きなこと」と同様，自分の過去を時系列にさかのぼって考えてみると良いでしょう。

「得意なこと」「できること」というのは，現時点で他人より「圧倒的に優れていること」である必要はありません。それが「好きなこと」と同じであれば，今後の継続的な努力により上達し，「圧倒的に優れていること」へ高めていくことができる可能性がある，ということになります。

「好きなこと」の対象は自分ということになりますが，「できること」の方は自分だけでなく，周辺のリソース（資源）を利用することができます。たとえば，誰かと連携することで「できること」につながることもあります。いわゆる「人脈」もそのリソースのひとつといえます。

3.1.3 「時流に乗っていること」をみつける

事業を成功させる上で，「時流に乗っている」という観点は重要です。うまくブームに乗ることができれば，一気にビジネスを拡大する可能性があります。しかし，ここでいう「時流」とは「今」を起点にするのではなく，もう少し長いスパンでとらえる必要があります。つまり，今後数年間に渡り「需要が伸びていく市場」あるいは「期待がもてる市場」を見つけましょう。

ターゲット市場についても注意が必要です。単に「今後，拡大する市場」ととらえた場合，「おいしい市場には競合他社が群がる」という現象を引き起こすため，過当競争が進み「期待がもてる市場」ではなくなる可能性があります。逆に「縮小する市場」に後発で参入する場合であっても，撤退する企業が多ければ，一定の市場を獲得できることもあります。

3.2 発想の基本は「組み合わせ」

ヤング（Young, J.W.）は，「アイデアは既存の要素の新たな組み合わせから生まれる」と提言しました（Young [1965]）。

既存の要素の新たな組み合わせを実現するためには，以下の2点が必要です。

3.2.1 既存の要素を知ることから始める

既存の要素の新たな組み合わせを実現するために，まずは「既存の要素を知る」ことから始めます。そのためには，世の中の仕組みや事象など，多様な情報の収集が必要です。

好奇心が大切です。さまざまな事象に関心をもち，「それはなぜ」「どういう仕組みなのか」という疑問や問題意識を抱けば，多様な情報を得ることができます。インターネットからは，情報を簡単に得られますが，興味のないことは検索しないため，ヒトによって情報の範囲や量に偏りが生じています。そのため，社会に対して広く興味や問題意識を持ち，さまざまな情報をインプットすることが，成功するビジネス・アイデアを考えるきっかけとなります。

3.2.2 各要素（情報）の組み合わせ方法を知る

次に必要なのが「各要素（情報）の組み合わせ方法を知る」ということです。要素の組み合わせを含めたアイデアの創出に役立つ手法を2つ紹介しましょう。

(1) KJ法

断片的なたくさんの情報やアイデアを集め，整理して全体を俯瞰することで物事の本質を導き出し，新たな発見につなげる「KJ法」という手法があります。ちなみに，KJ法は提唱者の川喜田二郎氏のイニシャルから名付けられました（川喜田 [1967]）。

KJ法の流れ（プロセス）は以下のとおりです。

① カード化（カードづくり）

　特定のテーマをもとに収集した情報を1つ1枚ずつ「カード」に要約して書き込みます。

② グループ編成（カードひろげ，カード集め，表札づくり）

　「カードひろげ」では，カード群をディスプレイし，内容を読みとります。「カード集め」では，近縁のカードで小グループを作り，中グループから大グループへという順番でグループ化します。「表札づくり」では，グループに「表札（タイトル）」をつけます。

③ 空間配置・図解化（KJ法A型）

　カードのグループを空間的に配置して，グループ同士の関係を表示し，図解化します。KJ法では図解化を「KJ法A型」と呼びます。

④ 文章化（KJ法B型）

　図解をもとに文章化します。KJ法において文章化することを「KJ法B型」と呼びます。

　KJ法は，情報やアイデアを可視化することでグループ内の参加者間の情報共有をスムーズにするとともに，情報やアイデアをグループ化し，図解した上で文章化するため，背景にある課題や論点が明らかになるなど，アイデアを事業化する上で，有効な方法です。

(2) ブレインストーミング

　オズボーンは，「チェックリスト」の他にも，ブレインストーミングという手法を考案しました。ブレインストーミングとは「脳（Brain）」と「嵐（Storming）」という2つの語源からできています（Osborn［1942,1952］）。

　複数の人がテーマに対して自由に意見を出し合い，独創的なアイデアを引き出す集団思考法です。自由な雰囲気の下で，参加者同士のコミュニケーションを促進することで，新しいアイデアが生まれやすくなります。また参加者同士の交流が深く進むことで，参加者の視野を広げることにつながります。ブレインストーミングは，会議，問題解決，思考発想などさまざまなシーン

で活用されている手法です。

ブレインストーミングには，以下の4つの原則があります。

①他の人の意見を評価・批判しない：自由な発想や発言を止めないため

②変わった発言を歓迎する：ネタ出しが目的のため，どのようなアイデア
も歓迎します

③質より量を重視：どんどん出していくうちに洗練されていきます

④アイデアをまとめる：他の人のアイデアに乗っかり，新しいアイデアを
どんどん出していきます

こうした手法を活用し，各要素の関係性や関連性を考えましょう。検討の
起点としては，自社の強みや経営資源が活かせるアイデア，世の中の「不満」
「不安」「不便」等を解決するアイデア，あるいは成功している企業やビジ
ネスモデルを分析し，現代の時流やトレンドを起点にしたアイデアなどがあ
ります。

あるいはビジネスの切り口として，単純に「①モノを売る」，という考え
だけでなく，代行ビジネスのような「②技やスキル」を売る，コンサルタン
トのような「③知識・考え・情報を売る」，そしてマッチング・ビジネスの
ような「④場・ネットワークを売る」などもあります。

また，アイデアの創出段階では，アイデアの「質」よりも「量」を重視し
ましょう。「量が質を生む」の言葉通り，アイデアの量が増えれば，その中に「き
らりと光る」実用性の高い良いアイデアが生まれてきます。

3.3 ビジネスアイデアを評価する

ビジネスアイデアが創出されると，その中から実際に取り組むべきアイデ
アを決めなければなりません。

実際に取り組むべきテーマを選定するために，以下の6つの視点でビジネ
スアイデアを評価します。

①市場性：実際に購入してくれる顧客はいるのか

図表3－3 市場性と独自性のマトリクス

		独自性	
		高い	低い
市場性	高い	事業機会 ←	激戦区
	低い	自己満足	衰退産業

出所：筆者作成。

②独自性：オリジナリティがあり，他社との差別化が図れるのか

③発展性：将来の需要の規模，どこまでビジネスを大きくできるのか

④収益性：儲かるのか，売価－原価で利益は得られるのか

⑤継続性：一過性でなく続けられるのか，法令等による規制の可能性は

⑥実現可能性：投入できる経営資源（ヒト，モノ，カネ，情報）は適切か

　上記の中でも特に重要な項目が「市場性」と「独自性」です（**図表3－3**）。

　「市場性と独自性のマトリクス」によると，「市場性」の低いビジネスは，独自性が高かったとしても単なる事業者の「自己満足」ということになってしまいます。しかし，ベンチャー企業の新事業や新商品の場合，その利便性や有用性がお客様にまだまだ伝わっていないため「売れない」という結果に終わることもあります。その場合，効果的なプロモーション活動等により需要を喚起し，マトリクスの上矢印に沿ってポジションを変更させていく必要があります。

　「独自性」については，新規ビジネスの場合，既存市場に「後発企業」として参入するため，お客様へ強くアピールし印象づけていくためにも既存製品との差別化が欠かせません。競合企業の類似製品との差別化が弱いと価格競争に巻き込まれ，収益をあげることが困難になります。そのため，機能・性能だけでなく，ネーミングやデザイン面，あるいは，販売方法の利便性や付加価値サービス等により独自性を強化し，マトリクスの左矢印に沿ってポジションを変更する必要があります。

　結果的に，ビジネス・アイデアの創出段階では，マトリクスの「事業機会」

に至らなくても，その後，「具体化」を進めるために事業計画を作成する段階で，マーケティング戦略や経営戦略を駆使することで，最終的に「事業機会」のポジションに納まるようなアイデアを採用します。

Research

1. 既存の製品や事業を「オズボーンのチェックリスト」にあてはめてみて，新たに生まれた製品・サービスを調べてみよう。
2. ブレインストーミングや KJ 法を実際に実践してみよう。
3. 長寿命の定番商品や今話題の商品あるいは新規事業が，どういう背景から生み出されたのか調べてみよう。

Debate

1. オズボーンのチェックリストやブレインストーミング等を活用し，実際の新商品や新規事業のアイデアを出し合い，議論してみよう。
2. 日常に潜む「不満」「不安」「不便」等を出し合い，新規事業の可能性について議論してみよう。

参考文献

石川明［2017］『新規事業ワークブック』総合法令出版。

川喜田二郎［1967］『発想法：創造性開発のために』中公新書。

木下雄介［2022］『改訂新版 超図解！ 新規事業の立ち上げ入門』幻冬舎。

冨田賢［2014］『新規事業の立ち上げ教科書』総合法令出版。

長谷川博和［2018］『ベンチャー経営論』東洋経済新報社。

森英樹［2005］『起業のネタ！』明日香出版社。

Osborn, A. F.［1942］*How to "Think Up"*. New York, London: McGraw-Hill Book Co.

Osborn, A. F.［1952］*Wake Up Your Mind: 101 ways to develop creativeness.*, New York, Charles Scribner's Sons.（豊田晃訳『創造力を生かす：アイディアを得る 38 の方法』創元社, 2008 年）.

Young, J. W.［1965］*A Technique for Producing Ideas*, McGraw-Hill Professional.（今井茂雄訳『アイデアのつくり方』TBS ブリタニカ, 1988 年）.

第**4**章 事業コンセプトの定義

Points

● 企業が事業を創造する前提となる事業コンセプトについて理解します。
● 新規事業の顧客は誰か，新規事業によってどのような価値を提供するのか，
という視点から学びます。
● 新規事業の顧客に提供する価値であるバリュープロポジションについて理解
し，これを導出するためのフレームワークについても学びます。

Key Words

事業コンセプト，リーン・スタートアップ，セグメンテーション，ターゲティング，
共感マップ，バリュープロポジション

1 事業コンセプトとは

1.1 事業コンセプトとその前提

　企業が事業を創造する上での重要な取り組みに，事業コンセプト
（concept）の定義があります。新規事業の成功や成長は，適切な事業コン
セプトの定義に依存しています。

　企業自身も，経営者が企業の存在意義であるパーパス（purpose）や，企
業の使命であるミッション（mission）を掲げています。これらは，企業に
よっては経営理念や企業理念，社是，社訓など多様な表現をすることがあり
ます。

　企業は企業内や社外に対して，パーパスやミッションを積極的に発信して
います。企業にとって，パーパスやミッションは，社内での価値観や活動に

61

一体感をもたらし，社外に対してはその企業が社会になくてはならない存在であることを知ってもらうという役割を果たすためです。

新規事業を立ち上げる際に，企業にとってのパーパスやミッションの役割を果たすものが，事業コンセプトです。

新規事業には，既存事業にはない斬新さや独創性が求められます。ただし，事業コンセプトを定義する上での前提として，企業のパーパスやミッションにもとづく内容であることが求められます。

企業が自社のパーパスやミッションから逸脱した事業コンセプトを定義した場合，その新規事業は，一見，優れた独自性の高い事業であっても，社内外に不協和音をもたらします。そうなれば，社内からの協力や，ステークホルダー（stakeholder，利害関係者）からの共感や賛同を得られず，結果的に成功や成長につながらないというリスクを生み出します。

そのため，企業が事業を創造する際には，自社のパーパスやミッションについて改めて認識を深め，新規事業の事業コンセプトを定義するための前提としましょう。

1.2 事業コンセプトの要素

新規事業を立ち上げる際に使用する事業コンセプトの「コンセプト」という用語自体には，事業に対する構想という意味があります。

なお，企業の事業全体を対象とする場合にはドメイン（domain）という用語を使います。

事業コンセプトには「誰に」，「何を」，「どのように提供するか」という3つの要素があります。

まず「誰に」は，新規事業が対象とする顧客層を指します。対象となる顧客層を明確にすることで，対応すべき顧客のニーズが明確になります。そのため，事業コンセプトの定義においては，顧客を特定し，明確にする目的で，市場の細分化やセグメンテーション（segmentation），ターゲティング（targeting）などを行います。

「何を」は顧客に提供する製品（商品）やサービスを指します。「製品」という用語は自社で製造・加工する場合に使い，「商品」という用語は他の企業から仕入れたものも含め，顧客に販売する状態にある場合に使います。

事業コンセプトの定義においては，どのような商品やサービスを取り扱うのかは，重要な要素です。

しかし，新規事業の立ち上げの失敗例に多く見られる傾向としては，その商品やサービスを欲する顧客が実施に存在するかどうか，ということを重視せず，ユニークな商品やサービスの創出に検討が集中してしまうことがあります。

このような対応では，企業が新商品やサービスを販売しても，結局，買ってくれる顧客があらわれず，まったく売れないという状況に陥ってしまいます。

こうした事態に陥らないためにも，まずは新規事業が「誰に」商品やサービスを提供するのか，ということを明確にすることから始めましょう。また，新規事業の商品やサービスを通じて，顧客にどのような価値を提供するのか，という視点も重要です。

事業コンセプトの「どのように」は，商品やサービスを提供するための技術・方法・仕組みなどを指します。顧客が明確になり，商品やサービスが固まると，顧客に届ける方法が重要になります。

現在は店舗販売やオンラインショップなど多様な販売方法があります。また，販売した後，顧客との関係を維持し続け，継続的に購入してもらうための仕組みを構築しておくことも重要です。

1.3 事業コンセプトの精度向上

新規事業のコンセプトは，一旦，定義を行ったら変更できないということはありません。むしろ，新規事業の立ち上げ段階においては，事業コンセプトは仮説に過ぎず，市場での修正と検証を繰り返す必要があります。

たとえば，「誰に」で設定した顧客が存在するはずの市場は，新規事業が

図表4-1 構築-計測-学習のフィードバックループ

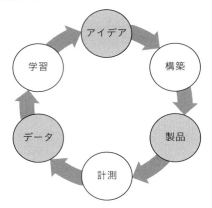

出所：Ries［2011］をもとに筆者作成。

画期的であるほど，立ち上げ時点では市場自体が存在していないこともあります。そのため，事業コンセプトを定義した後，早急に検証し，場合によっては事業コンセプトを再定義することになります。

リース（Ries, E.）は，企業が市場において素早いプロセスで検証を繰り返し，新規事業の成功率を高める手法としてリーン・スタートアップ（lean startup）を提唱しました（Ries［2011］）。

リーン・スタートアップでは構築（build），計測（measure），学習（learn）というプロセスを繰り返し行います（**図表4-1**）。

具体的には，企業は事業の創造にあたり，低コストかつ最小限の試作品やサービスを早期の段階から市場に投入し，顧客の反応をフィードバックして，早期にピボット（pivot，方向転換）を行って改善を繰り返し，市場での仮説検証を踏まえて本格展開するという開発方法を実施します。

企業はリーン・スタートアップを採用することで，事業コンセプトを再定義し，その精度を高めることができます。

2 新規事業の顧客は誰か

2.1 市場から顧客を見出す

　事業コンセプトを設定するために，新規事業が対象とする顧客（事業コンセプトの「誰に」）を明らかにする必要があります。そこで，顧客のニーズや特徴，行動などにもとづいて，市場細分化を行います。

　市場細分化の対象となる市場には，主に消費者市場と生産財市場の2つの市場があります。

　消費者市場とは，最終消費者である個人や世帯が商品やサービスを購買し利用する市場を指します。消費者は年齢，所得，教育レベルや趣味嗜好が多様です。そのため，多様な消費者が求める商品やサービスも必然的に多様になります。多様な消費者間の関係性や，他の要素との関係性が商品やサービスに影響をもたらします。

　生産財市場とは，企業が自社の商品やサービスを他社に販売する市場です。生産財市場においても，市場を細分化する変数は共通しています。ただし，大企業であるほど，複数の生産財市場にまたがって商品やサービスを提供していることに注意をする必要があります。

　海外に展開する際には，国際市場も細分化する必要があります。国際市場は，国の単位では地理，経済，政治，文化などの要因にもとづいて細分化できますが，現在はソーシャルメディア（social media）によって，市場間（クロスマーケット）の視点での細分化も必要です。

　そのため，新規事業の海外展開においては，特定の地域に適応するローカライゼーション（localization），幅広い国々に展開するグローバリゼーション（globalization），双方を同時に進めるグローカリゼーション（glocalization）という市場細分化の方針によって，柔軟に取り組む必要があります。

このように新規事業の顧客がどの市場にいるかを明確にすることで、その市場に合わせた事業展開ができます。

2.2 顧客にとって価値のある商品・サービスとは

市場細分化により新規事業が対象となる市場が定まった後、企業は顧客のターゲットが欲している商品やサービス（事業コンセプトの「何を」）を用意します。

企業は新規事業にあたって、どのような製品を用意し、商品として顧客に提供するのでしょうか。製品は3つの階層で考えます（**図表4-2**）。

製品の中核にあるのは、顧客が購入している真の理由を示す「中核となる顧客価値」です。企業は事業の創造にあたって、この顧客価値を的確に製品に反映する必要があります。

後述（第3節）するバリュープロポジション（value proposition）は、顧客に提供する価値をあらわします。

製品の2つ目の階層は、実態製品です。企業は製品やサービスの特徴、デザイン、品質、ブランド、パッケージを開発し、顧客価値を実態製品へと変化させます。

図表4-2　3つの製品レベル

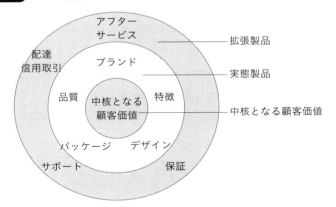

出所：Armstrong 他［2019］をもとに筆者作成。

製品の3つ目の階層は，拡張製品です。企業は実態製品に配達・信用取引，取り付けなどのサポート，保証，アフターサービスを加えることで，製品を顧客に届ける「商品」へと変化させるのです。

消費者が購入する商品やサービスを消費財と言います。消費財には，高い購買頻度で低価格かつ開放的な流通で扱われる最寄品，低い購買頻度で高めの価格かつ選択的な流通で扱われる買回品，ブランドが重視され高価格で特別な店舗で扱われる専門品などがあります。

生産財には，農産物や天然資源からなる原材料と，構成材料（鉄，糸，セメントなど）や構成部品（モーター，鋳物など）からなる加工材料・部品，装置（建物，大型設備など）や付帯設備（工場設備，工具など）からなる資本財，産業用備品（潤滑油など）やメンテナンス用品（ペンキ，釘など）からなる備品・サービスがあります。

2.3 顧客を特定する

市場細分化により，対象となる市場が定まった後には，顧客のターゲットを定め（事業コンセプトの「どのように」），商品やサービスを適切な方法で届けます。

ターゲットとする顧客像を明確にするために，ペルソナ（persona）を設定します。ペルソナとは，新規事業がターゲットとする商品・サービスを提供する上での典型的な顧客像を具現化した姿を表現したものです。

この顧客像を具現化する基準としては，4つのセグメンテーション変数（segmentation variables）があります（**図表4-3**）。

1つ目は，地理的な条件で顧客を分類する地理的変数（geographic variables）です。たとえば，国家，地域，気候，人口密度，都市化の進展度，顧客の行動範囲などで分類します。

特に人口密度については都市部，郊外，地方によって大きく異なります。企業は，1つの地域，複数の地域，すべての地域など，ターゲット市場の選択によって，新規事業の展開方法が変わります。

図表4−3 主要な細分化変数

細分化変数	例
地理的変数	国家，地域，気候，人口密度（都市部，郊外，地方）など
人口動態変数	年齢，ライフサイクルステージ，性別，家族構成，所得，職業，教育，宗教，民族，世代など
心理的変数	ライフスタイル，趣味，性格，価値観，購買動機，パーソナリティなど
行動変数	購買経験，使用頻度，購買パターン，返品の際の態度，利用水準，ロイヤルティの状態など

出所：Armstrong 他［2019］をもとに筆者作成。

　2つ目は，人口統計にもとづいて顧客を分類する人口動態変数（demographic variables）です。たとえば，年齢，ライフサイクルステージ，性別，所得水準，家族構成，職業，学歴，宗教，民族，世代などで分類します。他の変数と比較して測定しやすいという特徴があり，新規事業のターゲットとなる市場の規模を評価するために有効な変数です。

　3つ目は，顧客の心理的な好みに応じて分類する心理的変数（psychographic variables）です。たとえば，ライフスタイル，趣味，性格，価値観，購買動機などで分類します。

　同じ人口動態変数の集団に属していても，心理的変数の観点からはまったく異なる特性を示す場合があります。そのため，個人を特徴づける独特な心理的特性としては，特にパーソナリティ（personality）の変数にもとづき，市場を細分化することが重要です。

　4つ目は，商品やサービスに対する知識や態度で顧客を分類する行動変数（behavior variables）です。たとえば，顧客の購買経験，使用頻度，購買パターン，返品の際の態度，利用水準（ライトユーザーからヘビーユーザーまで），ブランドへの忠誠心の度合いであるロイヤルティ（loyalty）の状態などで分類します。

　これらのセグメンテーション変数の属性を組み合わせ，新たな事業がターゲットとする顧客像であるペルソナを具体化します。

3 新規事業で提供する価値は何か

3.1 顧客の共感を得るには

　企業は，新規事業に関する事業コンセプトの定義において，自社の利益を追求するだけでは，顧客からの賛同や支援は得られません。顧客からの共感を得てこそ，事業を創造し成長させることができます。

　そこで，企業が新規事業を通じて顧客の共感を得て，顧客にとって価値あるものを理解し，顧客によりよい価値を提案するため，共感マップを活用しましょう。

　オスターワルダー他（Osterwalder, A. 他）は，顧客を取り巻く環境や行動，関心，ニーズの理解を促進するツールとして「共感マップ・キャンバス」を提唱しました（Osterwalder 他［2015］）（**図表4－4**）。

　まず，共感マップ・キャンバスの上部に次の内容を記述します。

図表4－4　共感マップ・キャンバス

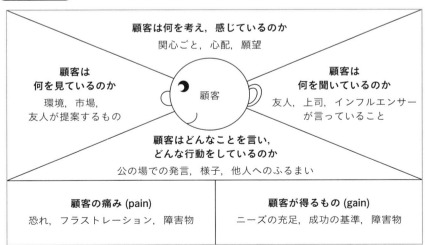

出所：Osterwalder & Pigneur［2010］，Osterwalder 他［2015］をもとに筆者作成。

(1) 顧客は何を見ているのか

顧客が生活環境などで見ているものから受けている影響をあらわします。たとえば，顧客がどのような商品やサービスに日常的に触れているか，何に囲まれているか，どのような問題に遭遇しているか，などについて記述します。

(2) 顧客は何を聞いているのか

顧客が環境から受けている影響をあらわします。たとえば，顧客は友人や上司のどのような発言を聞いているのか，誰が顧客にどのような影響を与えているのか，どのメディアが顧客に影響を与えているのか，などについて記述します。

(3) 顧客は何を考え，感じているのか

顧客の心の中で起こっていることを描き出します。たとえば，顧客の感情を想像し何に感動するのか，顧客が本当は重要だと思っていることは何なのか，顧客が熱中することは何か，顧客の夢や願望などについて記述します。

(4) 顧客はどんなことを言い，どんな行動をしているのか

顧客の関心や心配，願望をあらわします。たとえば，顧客が外部でどのようなことを言っているのか，顧客がどのような態度を取っているか，顧客の発言と実際の行動とのギャップや矛盾などについて記述します。

続いて，共感マップの下部に記述します。

(5) 顧客の痛み（pain）

顧客が抱えているフラストレーションやおそれ，顧客が取りたくないリスク，ニーズを満たす上での障害などについて記述します。

(6) 顧客が得るもの（gain）

顧客が本当に欲しがっているもの，必要としているもの，顧客にとっての成功の基準，顧客が目標達成のために取り得る戦略について記述します。

企業は新規事業がターゲットとする顧客になりきって共感マップを作成し，顧客の立場で感じ，考え，表出化し，情報を収集し言語化することで顧客に提案すべき価値を明確にしましょう。

3.2 バリュープロポジションとは

企業は事業の創造において，顧客に新たな商品やサービスを押し付けても，購入してもらえません。

企業は新規事業のターゲットとなる顧客を見出し，その顧客に関する共感マップ・キャンバスを作成し，顧客が何を欲しがっているのか，という顧客ニーズを理解した上で，顧客にとって価値のある商品やサービスを提供します。

このように，企業が特定の顧客セグメント（customer segments）をターゲットにした上で，新規事業において提供する新商品やサービスを通じて，その顧客セグメントが望む価値を提供することをバリュープロポジション（value proposition，価値提案）と呼びます。

バリュープロポジションは，顧客の抱えている課題を解決し，顧客のニーズを満たすものであるため，企業の新規事業における商品やサービスを顧客が選択する理由になります。

また，バリュープロポジションは対象となる顧客セグメントによって，その内容が変化します。対象となる価値自体が定量的なもの（価格，サービス内容，提供スピードなど）であることもあれば，定性的なもの（デザイン，顧客体験など）であることもあります。

バリュープロポジションに盛り込まれる内容としては，新規性，性能や機能等のパフォーマンスの向上，顧客セグメンテーションのニーズに合わせたカスタマイズ，効率化やコスト削減の実現，優れたデザイン，新たなブランド，顧客セグメントに合わせた価格戦略，これまでにないリスクの低減施策，使いやすさ，快適さなどがあげられます。

ただし，これらの個別要素が重要なのではなく，これらの要素によって新

規事業の顧客のニーズを満たし，顧客に価値を認めてもらう価値提案を実現することが目的です。

そのため，バリュープロポジションの内容についても，市場に破壊的な影響をもたらすような革新的なものもあれば，既存製品に対して機能を追加しただけの場合もあります。

企業は事業の創造において，作成した共感マップを踏まえ，顧客にどのようなバリュープロポジションを実現できるのかを熟考しましょう。

3.3　バリュープロポジションを導き出す

企業が事業を創造する段階では，新技術やそこから生み出された商品とサービスに過剰な注目をする傾向にあります。

そのため，企業は，新規事業が対象とする顧客に対して，どのような価値を提供するのかという視点で，意識的にバリュープロポジションを導き出すことが望まれます。

オスターワルダーは，前述の「共感マップ・キャンバス」を前提に，バリュープロポジションを導き出すツールとして「バリュープロポジション・キャンバス（value proposition canvas）」を提唱しました（**図表 4 - 5**）。

まず共感マップ・キャンバス（**図表 4 - 4** 参照）の下の段で記述した「顧客の痛み」と「顧客が得るもの」をもとに「顧客の仕事（customer jobs）」を明らかにします。「顧客の仕事」とは，顧客が成し遂げようとしている任務，解決すべき課題，実現したいニーズなどです。

そして，顧客セグメントについて検討した内容から，バリュープロポジションを導き出します。

「顧客の痛み」からは，顧客の「痛みを取り除くもの（pain relievers）」を導出します。これは顧客の痛み（悩み）を取り除くための具体的な解決策です。顧客にとってより深刻な悩みを見つけ出し，その悩みに対して，必要不可欠な解決策を生み出しましょう。そのためには顧客の痛みを導出する時点において，あらかじめ優先順位付けをしておくことが効果的です。

図表4-5 バリュープロポジション・キャンバス

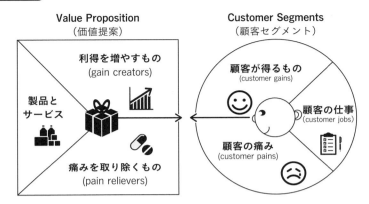

出所：Osterwalder 他［2015］をもとに筆者作成。

　続いて，「顧客が得るもの」から顧客の「利得を増やすもの（gain creators）」を導出します。「痛みを取り除くもの」同様，あらかじめ「顧客が得るもの」の優先順位付けをしておきましょう。その上で顧客のニーズや期待に応える具体的な方法を導出します。

　「利得を増やすもの」には機能的な利便性の向上や，コスト削減策，期待を上回るサービスの提供など，多様な方法がありますが，顧客にとってより大きな利得を創出することを目指しましょう。

　そして，これらの「痛みを取り除くもの」や「利得を増やすもの」を実現する「製品とサービス」を用意します。ここでも，新たな製品やサービスありきの発想ではなく，あくまでも顧客の痛みを取り除き，利得を増やす手段としての製品やサービスを創出しましょう。

　こうしたプロセスによって顧客に提供するバリュープロポジションが明らかになります。

Research

1. 自分の知っている企業の新商品やサービスの事業コンセプトについて考えてみよう。
2. 新商品やサービスを検討してみよう。その際，どのような顧客をターゲットとするのか，考えてみよう。

3. 2. で考えた新商品やサービスについて，バリュープロポジション・キャンバスを作成してみよう。

Debate

1. **新規事業の検討にあたって，どのように顧客セグメントを特定すればよいでしょうか？的確に顧客を特定するためにはどのようにしたらよいか，議論しよう。**

2. **新規事業において，バリュープロポジション・キャンバスを作成する際，顧客の利得を増やすもの（gain creators）や，顧客の痛みを取り除くもの（pain relievers）にどのような内容を記述すればよいだろうか，議論しよう。**

参考文献

Armstrong, G., Kotler, P., Opresnik, M.［2019］*Marketing: An Introduction, Global Edition, 14th Edition*, Pearson Education.（恩藏直人監訳『コトラーのマーケティング入門〔原書14版〕』丸善出版，2022 年）.

Osterwalder, A., Y. Pigneur［2010］*Business Model Generation: A Handbook for Visionaries, Game Changers,and Challengers*. John Wiley & Sons.（小山龍介訳『ビジネスモデル・ジェネレーション ビジネスモデル設計書』翔泳社，2012 年）.

Osterwalder, A., Y.Pigneur, G. Bernarda, and A. Smith［2015］*Value proposition design: How to create products and services customers want*. John Wiley & Sons.（関美和訳『バリュー・プロポジション・デザイン：顧客が欲しがる製品やサービスを創る』翔泳社, 2015 年）.

Ries, E.［2011］*The Lean Startup*, Fletcher & Company.（井口耕二訳『リーン・スタートアップ』日経 BP 社，2012 年）.

第5章 経営資源の見極め

Points

- ●企業が新規事業を創出する上で必要な経営資源について理解します。
- ●新規事業の中核となる経営資源であるコアコンピタンスを見極める，という視点から学びます。
- ●経営資源を見極めた上で，外部の経営資源を有効活用するという視点からオープン・イノベーションや，オープン＆クローズ戦略についても学びます。

Key Words

経営資源，コアコンピタンス，SWOT 分析マトリクス，
プロダクト・ポートフォリオ・マネジメント，サービス・ドミナント・ロジック，
オープン・イノベーション，オープン＆クローズ戦略

1 経営資源と新規事業

1.1 経営資源とは

　経営資源とは，企業の経営活動に必要な資源や能力を指します。企業の新規事業創造においても，必要とされる経営資源を投入することが求められます。

　企業には「ヒト（人的資源）」「モノ（物的資源）」「カネ（資金）」「情報（情報資源）」という経営資源があります。また，経営資源は調達のしやすさの違いから，「可変的な資源」と「固定的な資源」に分類されます。

　可変的な資源とは，必要に応じて市場から調達できる資源です。一方，固定的な資源とは，資源の保有量を企業が増減させるために相当な時間がかか

り，その調整のために相当な費用がかかる資源を指します。

　前述の経営資源の要素であるヒト・モノ・カネ・情報の何れかが可変的な資源か，固定的な資源かということではなく，それぞれの経営資源において，可変的なもの，固定的なものがあります。

　また，企業が新規事業を立ち上げる際には，自社の経営資源にもとづき強みと弱みを適切に認識する必要があります。

　そこで，企業の事業創造という視点から経営資源について学びましょう。

1.2　ヒト・モノ・カネと新規事業

1.2.1　ヒト（人的資源）と新規事業

　まず「ヒト（人的資源）」について学びます。企業が新規事業を創造する際には，その事業を担当する役員が責任者として任命されるとともに，従業員は新規事業を企画し，運営する役割を担うことになります。

　あるいは，企業は新規事業の成長を優先し，既存事業からの影響を回避するため，新規事業を新会社として独立させることがあります。企業は新規事業を別会社として独立させる際，子会社，あるいは，関連会社として立ち上げます。

　株式会社の場合，子会社とは親会社が50%以上の株式を保有する会社であり，関連会社は親会社が20%以上50%未満の株式を保有する会社を指します。

　新規事業を実行する新会社では，役員として常勤役員と非常勤役員が任命されます。常勤役員は，会社の業務がある日に毎回出勤する役員です。常勤役員が新規事業を実行する新会社において経営責任を担います。

　非常勤役員とは会社の要請があった場合のみ出勤する役員です。非常勤役員は，主に既存企業において業務を行いますが，新規事業に関して専門能力を提供します。また，新会社のお目付役として監査役を担当することもあります。監査役の業務には，取締役の職務の執行が法令や定款に違反していな

いか監査する業務監査と，新会社の会計に関して監査を行う会計監査があります。

　新会社の従業員の雇用形態としては，従来の企業に籍を残したまま新会社で勤務する出向（在籍出向）という形態と，新会社の従業員として籍を移す転籍（移籍出向）という方法があります。

　企業は新規事業を運営する上で，人材をどのような雇用形態にすることがのぞましいのか，人材のモチベーションが最大限に発揮される方法を見極める必要があります。

1.2.2 モノ（物的資源）と新規事業

　「モノ（物的資源）」について新規事業の立ち上げという視点から学びます。

　企業が新規事業を立ち上げる際，既存の設備を活用することもあれば，新規の設備を購入することもあります。

　企業が新規事業において自社の強みを活かすため，既存の設備を活用した事業展開を考えることが有効です。既存の設備を活用することで，新規の設備投資を抑えることもできます。

　一方，新たな市場に挑戦する場合には新規の設備を導入することもあります。製造業であれば，土地を購入し工場を建設して，工作機械などの新たな生産設備を導入します。飲食業であれば，出店立地を決め，店舗を取得し，内装・外装や設備を購入します。

　ただし，新規事業のリスクを抑えるため，新規の設備を導入する場合であっても，居抜き物件や中古設備を導入することが有効です。居抜き物件とは，工場や店舗などにおいて，以前の所有者が設備，家具，調度品などを残したまま，売却や貸し出しする物件を指します。

　企業は新規事業に挑戦すると同時にリスク対策（第2章参照）も検討しながら，最適な設備投資の方法を見極めることになります。

1.2.3 カネ（資金）と新規事業

　「カネ（資金）」について新規事業の立ち上げという視点から学びます。

新規事業の立ち上げにあたっては，資金の確保が重要です。資金の調達先には，企業内（自己資金）と企業外（融資）があります。

　企業内で自己資金を活用する場合には，経営会議などの企業の経営方針を決定する場において，新規事業の立ち上げとともに投資金額についても審議され決定されます。新規事業の責任者は自社の経営者に対して，新規事業の投資対効果や中期的な成長戦略を訴えることで，必要な資金を確保します。

　企業外から融資を受ける場合には，金融機関から新規事業に必要な資金の融資を申し込みます。企業は融資の獲得に向けて，金融機関が求める事業計画書などを作成します。

　事業計画書には事業コンセプト，商品・サービスとこれにかかわる市場環境や販売戦略，常勤役員や従業員，主な取引先（販売先，仕入先，外注先），必要な設備とその購入にかかる費用と調達方法，事業の見通し（売上高，費用，利益）などを盛り込みます。

　金融機関は事業計画書によって融資先企業の新規事業が何年で軌道に乗り，獲得した利益によって借入金を返済できるのか，事業の将来性を見極め，融資金額を決定します。

　企業は新規事業の立ち上げにおいて自己資金でまかなうのか，金融機関から融資を受けるのか，あるいは双方をどのようなバランスで実施するのか，最適な資金の確保の方法を見極める必要があります。

1.3 情報的経営資源と新規事業

　「情報的経営資源」について新規事業の立ち上げという視点から学びます。

　伊丹敬之は，企業において最も特異性が高い経営資源とは，企業の内外に蓄積された知識としての情報（情報的経営資源）であるとしました（伊丹[1984]）。

　情報的経営資源には，企業に蓄積されたノウハウ，技術，熟練，顧客情報，企業の外部に蓄積された当該企業についての信用，イメージ，ブランドなどが含まれます。

情報的経営資源として例示された資源は，その保有量の増減や調整に相当な時間と費用がかかる資源であるため，まさに固定的な資源であるとも言えます。

　企業の事業創造にあたっては，既存事業に蓄積された情報的経営資源を新規事業の強みとして活かせる事業領域を見極めることが重要です。

　さらに，近年では，デジタル化の進展により，情報的経営資源の重要性がさらに増しています。従来の情報的経営資源に加え，デジタルを取り入れた新たなビジネスモデルの構築や，事業から得られたデータとその解析をもとにした商品やサービスの創出等，情報的経営資源の適用領域が拡大しています。

　経済産業省もデジタルを活用した新規事業の展開と関連し，デジタルトランスフォーメーション（Digital Transformation，以下，DX）の重要性を強調しており，その定義を「企業がビジネス環境の激しい変化に対応し，データとデジタル技術を活用して，顧客や社会のニーズを基に，製品やサービス，ビジネスモデルを変革するとともに，業務そのものや，組織，プロセス，企業文化・風土を変革し，競争上の優位性を確立すること」としています（経済産業省［2022]）。この定義には，企業が事業にデジタルを取り入れることで，イノベーションを実現し，持続可能な経営体制を確立してほしいという国家的なメッセージが込められています。

　一方，欧米ではデジタル技術をもったエンジニアが企業内に多く存在し，経営者が自らデジタルを活用した新規事業を考案しています。

　しかし，日本ではデジタル関連の技術を持ったエンジニアはいまだに IT（Information Technology，情報技術）専業企業に多く存在しており，社内でも情報システム部門が社内の IT システムを担当しています。そのため，日本企業はデジタルを活用した新規事業が生み出しにくい傾向にあります。

　日本市場においても情報的経営資源としてのデジタルを活用した事業創造に結び付けるためには，企業とデジタルとの関係性を変革することから始める必要があります。

2 経営資源の中核を見極める

2.1 コアコンピタンスとは

　企業は事業創造に向けて，経営資源を有効活用し，成長を実現する上で，どのような能力を持てばよいのでしょうか。

　ハメル（Hamel, G.）とプラハラード（Prahalad, C.K.）は，企業の経営資源としてコアコンピタンス（core competence，中核能力）の重要性を提唱し「他社には提供できないような利益をもたらすことのできる，企業内部に秘められた独自のスキルや技術の集合体」としました（Hamel & Prahalad [1994]）。

　企業が事業を創造する上でも自社のコアコンピタンスにもとづき，ビジネスモデルを企画し構築することにより，競合優位性を確立することが求められます。

　たとえば，金属加工に強みのある製造業企業が，市場のデジタル化を機会ととらえてスマートフォン向けのアプリケーション・ソフトウェア事業に乗り出すという事例について考えてみましょう。

　この製造業企業が，新規事業の中核となるアプリケーション・ソフトウェアの自社開発ができない場合，ソフトウェア開発のできる外注先企業を探し出し，開発を依頼することになるでしょう。こうなると製造業企業の本来の強みである金属加工の強みは活かされず，新規事業の中核領域を他社に依存することになります。

　結果として，スマートフォンのオペレーティングシステム（Operating System：OS）の更新のたびにソフトウェア開発をしてくれた外注先に追加開発費を支払わなければならないなど，想定外の費用がかさみ，事業が成り立たなくなるということも起こります。

　この事例では，製造業企業は強みのある金属加工やその周辺の市場領域を

中心に新規事業を検討することが肝要でした。つまり，企業は新規事業に自らの真の強みであるコアコンピタンスを活かすことができなければ，新規事業を継続し成長させることができないということを認識しておきましょう。

2.2 強みを機会に投入する

企業は新規事業を創出する上で，どのように経営環境を分析し，限られた経営資源の投入を意思決定すればよいのでしょうか？

一般的には，企業はSWOT分析を活用して，企業が保有する経営資源における強み（Strength），弱み（Weakness）の内部環境分析と，企業を取り巻く外部の経営環境である機会（Opportunity），脅威（Threat）の外部環境分析を行います（第2章参照）。

なお，企業の外部の経営環境については，PEST分析により政治（Politics），経済（Economy），社会（Society），技術（Technology）の視点から，企業では統制できない環境変化の要因をもとに分析します。

ただし，SWOT分析は事実の羅列にすぎません。そこで，新規事業の創出を検討する際には，SWOT分析の要素をかけあわせたSWOT分析マトリクスの活用が有効です。

SWOT分析マトリクスでは，経営環境の要素（機会と脅威）と経営資源の要素（強みと弱み）をかけあわせることで，新規事業領域を導き出します（図表5-1）。

図表5-1 SWOT分析マトリクス

経営資源 / 経営環境	強み（Strength）	弱み（Weakness）
機会（Opportunity）	強みを活かし 機会をとらえる事業領域	機会をとらえるため 弱みを克服する事業領域
脅威（Threat）	脅威を回避しながら 強みを活かす事業領域	脅威を回避するため 市場参入を慎重に検討

出所：筆者作成。

企業は，SWOT分析マトリクスを活用することで，経営環境における「機会」を明らかにし，そこに自社の経営資源からなる「強み（コアコンピタンス）」を投入する戦略案を導き出します。

そして「強みを機会に投入する」戦略を新規事業において実践することで，事業成長を目指します。

2.3 新規事業へ効果的に投資する

2.3.1 PPMとは

企業は新規事業を立ち上げるため，資金の捻出と資金の投入を同時に検討する必要があります。

ボストンコンサルティンググループ（Boston Consulting Group）は，企業が効果的に新規事業への資金投入を意思決定する上で有効なフレームワークとして「プロダクト・ポートフォリオ・マネジメント（Product Portfolio Management，以下，PPM）」を提唱しました（水越［2003］）。

PPMは，市場成長率と，競合企業の市場占有率（市場シェアと同義）と比較して決定される相対的市場占有率とのマトリクスから構成され，キャッシュフロー（cash flow，資金の流出入）との関係から，複数の事業を持つ企業の経営者に対して，最適な資源配分を意思決定するための視点を与えてくれるフレームワークです。

2.3.2 新規事業への投資プロセス

企業が新規事業を立ち上げ，継続し，成長させるプロセスについて，PPMの各要素の紹介とともに説明します（**図表5-2**）。

まず企業は新規事業への投資資金を，PPMの左下にある「カネのなる木（cash cow）」事業から捻出します。

「カネのなる木」事業は規模が大きく，企業の主力を担う安定した事業です。市場成長率は低いものの，競合企業との競争に勝った結果，相対的市場

図表5−2 PPMと新規事業への資金投入

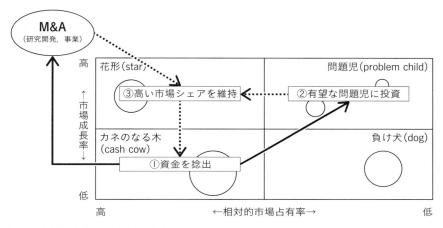

注：円の大きさは事業規模をあらわします。
出所：水越［2003］をもとに筆者作成。

占有率が高く，この事業自体への新たな研究開発や広告宣伝等への投資が不要であるため，キャッシュフローがプラスとなり，新規事業への投資資金を生み出す資金源となります。そのため，企業は，「カネのなる木」事業を複数持つことが理想的です。

なお，相対的市場占有率とは，自社の市場占有率と，業界トップ（自社が業界トップの場合は業界2位の企業）の企業の市場占有率を比較して算定します。自社の市場占有率が業界トップの場合は，1以上の値となり，自社の市場占有率が2位以下の場合は，1未満の値になります。

「カネのなる木」事業から捻出した投資資金は，PPMの右上の「問題児（problem child）」事業に投資します。この問題児事業への投資が新規事業の創出につながります。

「問題児」事業は，新規事業や，事業の開始後，経過した時間の短い事業です。市場成長率は高いものの，相対的市場占有率は低く，多額の投資を必要とするため，キャッシュフローはマイナスです。「問題児」事業は，事業規模も小さいため，多額の投資を継続することで育成する必要があります。

「問題児」事業は，PPMの左上の「花形（star）」事業への成長を目指します。

「花形」事業は，市場成長率と相対的市場占有率がともに高い事業です。ただし，市場成長率が高いため，競合企業との競争も激しく，高い市場占有率を獲得するためには，多額の投資が必要となります。

そのため，事業規模は急速に拡大しますが，キャッシュフローはマイナスになります。その後，市場成長率の低下とともに，「カネのなる木」事業への移行を目指します。

ただし，企業が問題児事業を立ち上げ成長させるには，時間がかかる上に，投資の成功確率も高くありません。有望だと思われた「問題児」事業に投資をしても，必ずしも「花形」事業にはなれないためです。

そこで企業は新規事業の投資対効果を高めるため，「カネのなる木」事業で生み出した資金を外部の企業及び事業，さらには研究開発に対するM&A（Mergers & Acquisitions，合併と買収）に投資し，「花形」事業を外部から手に入れることがあります。

M&Aによる事業の獲得は，自社で新規事業を育成する時間が省けるため，「時間を買う」ともいわれます。結果として，効率的に新規事業を創出することにつながります。

一方，右下の「負け犬（dog）」事業は，市場成長率及び相対的市場占有率がともに低い事業であり，キャッシュフローはマイナスになります。「負け犬」事業は，規模の大きい事業であることが多いものの，資金の流出を止め，有望な新規事業への投資に経営資源を展開するため，早期に「負け犬」事業からの撤退が求められます。

3 外部の資源を活用する

3.1 まずはサービスとして考える

従来は企業の事業創造における障壁として，高額な設備投資の負担などの資金面での課題がありました。

しかし，デジタル化の進展により，「サービス」という視点を持つことで，新規事業の創出が容易になっています。

そこで，ルッシュ他（Lusch, R.F. 他）が提唱したサービス・ドミナント・ロジック（service-dominant logic）という考え方（mindset）について学びましょう（Lusch 他［2014］）。

サービス・ドミナント・ロジックの対極的な考え方に，グッズ・ドミナント・ロジック（goods-dominant logic）という考え方があります。

グッズ・ドミナント・ロジックは，「製品（goods）」を中心とする考え方です。形がある製品（有形資産）が対象であり，製品に価値が組み込まれており（組み込まれた価値），製品を交換（取引）して初めて価値が生まれるという考え方です。グッズ・ドミナント・ロジックのもとでは，企業の活動は，製品を中心に，どのようにしたら売れるのか，ということを考える従来型のマーケティング活動が行われます。

一方，サービス・ドミナント・ロジックは，「サービス（service）」を中心とする考え方です。サービスに決まった形はなく（無形資産），交換して初めて価値が生まれ（交換プロセス），交換するためには関係性が重要であるという考え方です。サービス・ドミナント・ロジックのもとでは当事者間で価値を共創し，ユーザーのニーズにもとづくサービスを交換するという関係性が生まれます。

たとえば，従来，宿泊サービスを提供するためには，ホテルという高価な固定資産（土地や建物）を保有しなければならない，という常識がありました。ところが，エアビーアンドビー（Airbnb）は Web 上のプラットフォームにおいて，宿泊したい人と宿泊できるスペースを有償で提供したい人をマッチングするサービスを提供することで，ホテルという固定資産を保有しなくても，宿泊サービスを提供できています。

これと同じような例にウーバー（Uber）の配車サービスやフードデリバリーサービスがあります。いずれも，従来は車両やレストランなどの高価な固定資産がなければ，事業として成立しませんでした。

しかし，ここで紹介したサービスは Web 上のマッチングプラットフォー

ム（matching platform）から，サービスとして提供することで短期間での
事業創造と成長に成功しました。

つまり，新規事業の在り方を「サービス」としてとらえれば，従来，必要
と考えられていた高価な固定資産がなくても，顧客のニーズとステークホル
ダー（stakeholder，利害関係者）の保有する外部の資源をマッチングする
ことで，早期に事業を創造することができ，先行者利益を獲得できるのです。

ただし，注意すべきポイントもあります。サービスという視点のもとでは，
どのような企業であっても，顧客のニーズに応えるサービスさえ提供できれ
ば，新規事業を立ち上げることができます。そのため，サービスには，後発
の競合企業による模倣が比較的容易であり，差別化が難しいという特徴もあ
ります。結果として，サービスであっても，その根幹を担う製品によって競
合企業と差別化する視点を持つことも重要です。

3.2 オープン・イノベーションによる経営資源の補完

企業は自前の経営資源にこだわらず，外部の経営資源を活用し，サービス
化することで早期に事業の創造が実現できます。

チェスブロウは，企業が自前の経営資源にこだわらず，外部の経営資
源を活用して新たな価値を創出するオープン・イノベーション（open
innovation）を提唱しました（Chesbrough［2006］）（第1章参照）。

企業が事業創造する上で，オープン・イノベーションに取り組むメリット
には，外部の経営資源を活用することで，製品やサービスの開発期間を短縮
し効率化できるとともに，自社では思いつかないアイデアや技術を新規事業
に活用できることなどがあります。

オープン・イノベーションの対象としては，特に起業して間もない小規模
企業や中小企業が有効です。規模の小さな企業にとっては，オープン・イノ
ベーションに取り組むことで限られた経営資源を補完することができるた
め，アイデアを早期に新規事業へと展開することができます。

また，オープン・イノベーションの対象は企業に限らず，ユーザーや自治

体，教育機関など，幅広いステークホルダーと連携することで，多様な事業創造が期待できます。

3.3 オープン＆クローズ戦略

　企業はオープン・イノベーションに取り組み，デジタル活用やサービス化を選択することで，事業の創造が容易になりました。

　ただし，オープン・イノベーションへの取り組みを志向しても，自社に魅力がなければ，連携する相手は見つかりません。

　そこで，企業にとっては，オープン＆クローズ戦略への取り組みが重要になります。オープン＆クローズ戦略とは，企業のオープン領域とクローズ領域を組み合わせ，新製品やサービスの市場への普及と，企業としての高収益を同時に実現することを目指す経営戦略です（小川［2015］）。

　オープン（open）領域とは，他の組織の力を借りる領域です。企業が事業を創造する際，オープン領域において連携する対象には，他の企業，官公庁や自治体，金融機関，ユーザーなどが考えられます。

　一方，クローズ（close）領域とは，自社で担う中核（core）領域です。オープン＆クローズ戦略でより重要な領域は，このクローズ領域です。このクローズ領域に自社でしかできないという魅力ある能力（capability）がなければ，オープン領域に連携相手が集まりません。

　実は，オープン・イノベーションも同じ問題を抱えています。小規模企業や中小企業が事業を創造するため，オープン・イノベーションに取り組もうとしても，自社に連携相手が魅力に感じるコアコンピタンスがなければ，連携相手は自らの経営資源を魅力のない相手に提供しようとは考えません。

　オープン＆クローズ戦略は，クローズ領域の重要性を説いている点が重要です。企業は新規事業を立ち上げる際，オープン領域で連携してくれる仲間を探すだけでなく，クローズ領域において他社には提供できないような利益をもたらすことのできる，企業内部に秘められた独自のスキルや技術の集合体である「コアコンピタンス」をしっかりと持ち，外部にアピールする必要

があります。

　企業としての真の強み（コアコンピタンス）があるからこそ，これを認めた有力なパートナー企業が集結してオープン＆クローズ戦略が完成し，後発企業に模倣されにくく，継続的な成長を実現できる事業創造となるのです。

Research

1. 自分の知っている企業のコアコンピタンスについて考えてみよう。
2. 企業が Web 上のプラットフォームから提供しているサービスにはどのようなものがあるでしょうか？　検討してみよう。
3. オープン・イノベーションから創出された事業にはどのようなものがあるでしょうか？　考えてみよう。

Debate

1. 新規事業の検討にあたって，企業はどのようなコアコンピタンスを身に着ければよいでしょうか?コアコンピタンスを維持し強化するためには何が求められるでしょうか?議論しよう。
2. 企業が事業を創造する際，オープン＆クローズ戦略を実現するためには，どのような取り組みが求められるでしょうか？　議論しよう。

参考文献

伊丹敬之［1984］『新・経営戦略の論理』日本経済新聞社。

小川紘一［2015］『オープン＆クローズ戦略：日本企業再興の条件 増補改訂版』翔泳社。

経済産業省［2022］「デジタルガバナンス・コード 2.0（2022 年 9 月 13 日改訂）」。

水越豊［2003］『BCG 戦略コンセプト』ダイヤモンド社。

Chesbrough, H.［2003］*Open Innovation: The New Imperative for Creating and Profiting from Technology*, Harvard Business School Press.（大前恵一朗訳『OPEN INNOVATION』産業能率大学出版部，2004 年）.

Chesbrough, H.［2006］*Open Innovation: Researching a new paradigm*, Oxford University Press.（長尾高弘翻訳『オープンイノベーション：組織を超えたネットワークが成長を加速する』英治出版，2008 年）.

Hamel, G. and C. K. Prahalad［1994］*Competing for The Future*, Harvard Business School press.（一条和生訳『コア・コンピタンス経営：大競争時代を勝ち抜く戦略』日本経済新聞

社，1995 年）.

Lusch, Robert F. and Stephen L. Vargo［2014］*Service-dominant Logic : Premises, Perspectives, Possibilities*, Cambridge University Press.（井上崇通訳『サービス・ドミナント・ロジックの発想と応用』同文舘出版，2016 年）.

第Ⅰ部 事業創造

第6章 ビジネスモデルの構築

Points

● 企業の事業創造の前提となるビジネスモデルについて理解します。
● ビジネスモデルを検討した後，顧客にとって特別な存在になる方法について
　学びます。
● 事業を創造する際のビジネスモデルの構築の手法について学びます。

Key Words

ビジネスモデル，ビジネスシステム，ピクト図解，戦略キャンバス，
ビジネスモデル・キャンバス

1 ビジネスモデルとは

1.1 ビジネスモデルとビジネスシステム

　企業が事業を創造する上で，ビジネスモデルの検討と構築は重要な取り組みです。そもそもビジネスモデルとは何でしょうか？

　まずは，ビジネスモデルに関連する「モデル（model）」と「システム（system）」の違いについて学びましょう。

　まず，定義の違いとしては，モデルが設計の思想であるのに対し，システムは独自の仕組みを指します。学問としての違いにおいては，モデルが理想をあらわし社会的であるとすると，システムは現実をあらわし個別的なものです。そして，競争優位の視点からは，モデルが模倣可能な標準的なものであり，システムは他社が模倣困難なその企業独自のものです。

つまり，ビジネスモデルとは企業にとって理想的で模倣が可能な設計思想であり，ビジネスシステムとは他の企業が模倣困難なその企業独自の仕組みであると言えます（加護野・井上［2004］）。

そこで，企業が新規事業を生み出す際には，理想的で優れたビジネスモデルを模倣し活用します。そして，その新規事業において構築したビジネスシステムは，他の企業が模倣困難な企業の独自のシステムでなければならず，これが競争優位の源泉になるのです。

1.2 ビジネスモデルの見える化

企業は事業創造において，優れたビジネスモデルを模倣し，自らの事業に活かします。その際，他の企業の優れたビジネスモデルを取り入れるために，ビジネスモデルを見える化し，その仕組みを理解することが有効です。

ビジネスモデルの見える化の手法として，ピクト図解があります。ピクト図解では，エレメント，コネクタ，オプションという簡潔な要素でビジネスモデルを表現できます（板橋［2010］）（**図表6-1**）。

ピクト図解を使って，ビジネスモデルを8つに分類できます（**図表6-2**）。

(1) 物販モデル

自ら製造した製品を自ら販売するビジネスモデルです。

図表6-1　ピクト図解の構成要素

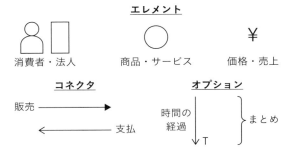

出所：板橋［2010］をもとに筆者作成。

図表6-2 8つのビジネスモデルの類型とピクト図解

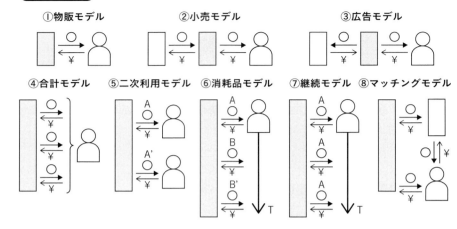

注：ビジネスの主体には色を付けています。
出所：板橋［2010］をもとに筆者作成。

(2) 小売モデル

商品を仕入れ，その商品を顧客に販売するビジネスモデルです。たとえば，デパートなどが採用しています。

(3) 広告モデル

広告を販売した対価を元手にして，顧客に別のサービスを安く，あるいは，無料で提供するサービスです。たとえば，企業のCMを放映し，その広告料によって無料で放送サービスを提供する民放テレビ局が採用しているビジネスモデルです。

(4) 合計モデル

特売品や割引品などに注目を集めて，通常価格の製品もまとめ買いしてもらうビジネスモデルです。たとえば，スーパーマーケットが採用しています。

(5) 二次利用モデル

一度販売した商品を再利用し，同じ商品を販売するビジネスモデルです。

たとえば，ロケットを製造する企業がロケットブースターを回収して打ち上げに再利用する事例があります。

(6) 消耗品モデル

商品の機器を低価格，あるいは，無料で販売した後，消耗品を比較的高価な価格で販売し，顧客に消耗品を買い続けてもらうビジネスモデルです。たとえば，製造業企業におけるプリンター本体とトナー（消耗品）の関係がこれにあたります。

(7) 継続モデル

1つの製品を使い続ける中で，定期的に定額料金を顧客に支払ってもらうビジネスモデルです。たとえば，顧客がスマートフォンの基本使用料や通信料などを毎月支払い続けるビジネスモデルです。

(8) マッチングモデル

顧客同士をマッチングするというサービスを提供し，マッチングした顧客の双方から手数料を受け取るというビジネスモデルです。たとえば，レストランと消費者をマッチングするフードデリバリーサービスなどがあります。

1.3 ビジネスモデルの組み合わせ

ビジネスモデルの8つの類型は，それぞれ個別に活用するだけではなく，組み合わせて活用します。

たとえば，ネスレ（Nestlé）のネスプレッソ（NESPRESSO）の事例で考えてみましょう。ネスプレッソでは専用のコーヒーメーカーと，カプセルに入ったコーヒー（カプセルコーヒー）を提供し，自宅やオフィスで高品質なコーヒーを味わえるサービスを提供しています。

このビジネスモデルでは，まず，顧客に専用のコーヒーメーカーを販売し，その後，専用のコーヒーカプセルを販売します。その際，顧客に継続的にコ

図表6-3 ビジネスモデルの組み合わせ（ネスプレッソの事例）

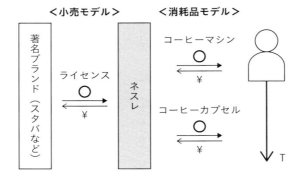

出所：企業情報と板橋［2010］をもとに筆者作成。

ーヒーカプセルを購入してもらうため定期便というサービスも行っています。定期便の場合，一部のコーヒーメーカーが無料でレンタルできる仕組みも用意されています。

　さらに，コーヒーカプセルを高頻度で購入する魅力を加えるため，著名なブランド（スターバックス（Starbucks）など）とライセンス契約を結び，その著名ブランドのコーヒーカプセルを販売することで，より多くの顧客を獲得しています。

　このビジネスモデルでは，8つの類型のうち2つのモデルが活用されています（**図表6-3**）。

　まず消耗品モデルです。コーヒーカプセルを消耗品として，顧客に継続的に販売する仕組みが構築されています。もう1つは小売モデルです。ライセンス契約という形で，著名ブランドからライセンス契約という形でブランドを仕入れることでコーヒーカプセルの高付加価値化を実現しています。

　このように，ビジネスモデルは基本類型を組み合わせることで，より魅力あるビジネスモデルへと高まるのです。

2 顧客にとって特別な存在になる

2.1　3つの基本戦略

　企業が事業を創造する上で、優れたビジネスモデルを取り入れることは有効です。しかし、単なる模倣では、競合企業にも模倣され、市場で生き残ることが難しくなります。

　そこで、ポーターは企業が採用すべき戦略の選択肢である3つの基本戦略（generic strategy）を示しました（Porter［1980］）（**図表6-4**）。

　3つの基本戦略の縦軸は、市場におけるターゲットの幅として、「業界全体」と「特定セグメント」のどちらかをターゲットにする戦略オプションを示しています。「業界全体」のターゲットは、主に大企業が採用し、「特定セグメント」のターゲットは、主に中小企業やベンチャー企業が採用します。

　また、横軸は競争優位のタイプをあらわし、「他社より低いコスト」と「顧客が認める他社との違い」という戦略オプションを示しています。

　業界全体をターゲットとする場合、コスト対応力により競争優位を獲得す

図表6-4　3つの基本戦略

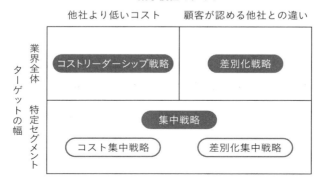

出所：Porter［1980］をもとに筆者作成。

る戦略が「コストリーダーシップ戦略」，顧客が認める他社との違いにより競争優位を獲得する戦略が「差別化戦略」です。

一方，特定セグメントをターゲットとする場合には「集中戦略」を採用します。その場合にもコスト対応力で競争優位を獲得する戦略は「コスト集中戦略」，他社との違いを競争優位とする戦略は「差別化集中戦略」です。

企業は新規事業を立ち上げる際，どのターゲットに対して，どのような競争優位性を発揮するのか，という視点から戦略を選び，実践する必要があります。

2.2 戦略キャンバスとは

企業は新規事業を立ち上げる際，どのように競争優位を確保すればよいのでしょうか？　競争優位の検討においては，戦略キャンバス（strategy canvas）の活用が有効です。

戦略キャンバスでは，横軸に業界の各社が注力する競争要因を並べます。そして，縦軸は顧客が競争要因に対してどの水準を享受しているかを示します。各競争要因が高いスコアとなる場合には，企業がその競争要因に注力していることを意味します。

戦略キャンバスにおいて競争要因ごとに点数化しグラフ化すると，競合との違いを示す価値曲線（value curve）があらわれます。この価値曲線が企業の新規事業と競合の事業との戦略の違いを明確にしていなければなりません。

2.3 戦略キャンバスで競合他社と差別化する

企業が新規事業の戦略キャンバスを作成する上で重要な点は，競合との違いを明確にするということですが，その実現は難易度が高いものです。そこで，戦略キャンバスの作成方法について学びましょう（**図表6-5**）。

キム（Kim, C.W.）とモボルニュ（Mauborgne, R.）は，競合との戦略の違

図表6−5 戦略キャンバスの作成方法

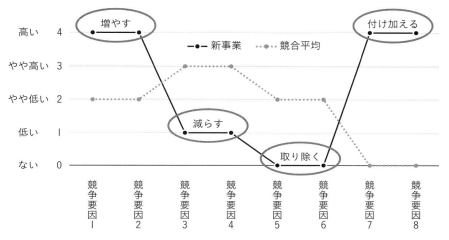

出所：Kim & Mauborgne［2015］をもとに筆者作成。

いを明確にするためには，4つの方法（the four actions framework）がある
としました（Kim & Mauborgne［2015］）。

　まず，1つ目は，業界の平均的な製品やサービスに備わっている要素のうち，「取り除く」べき要素は何か？という視点です。業界の慣習により提供することが当然と思われているものを疑い，取り除けないか，考えてみましょう。

　2つ目は，業界標準と比較して「減らす」べき要素は何か？　という視点です。市場での競争が招く過剰な要素があれば思い切って減らしましょう。

　3つ目は，業界標準と比較して「増やす」べき要素は何か？　という視点です。顧客の隠れたニーズに応え，競合と差別化できる取り組みを増やしましょう。

　4つ目は，業界では競合企業がこれまで提供していなかったが，今後「付け加える」べき要素は何か？　という視点です。これまで顧客ではなかった層に新たな需要を生み出すきっかけになるような価値を生み出しましょう。

　企業は戦略キャンバスの作成を通じて，新規事業における差別化戦略とコストリーダーシップ戦略などの戦略オプションの有効性について考察し追求

することができます。

3 ビジネスモデルを構築する

3.1 ビジネスモデル・キャンバスとは

　企業が新規事業を立ち上げる際，競合と差別化した新たなビジネスモデル
を構築する上で，そのビジネスモデルの要素の全体像を把握する必要があり
ます。

　オスターワルダー（Osterwalder, A.）とピニュール（Pigneur, Y.）は企
業がビジネスモデルの構築において有効なフレームワークとして，ビジネス
モデル・キャンバス（business model canvas）を提唱しました。

　ビジネスモデル・キャンバスとは，ビジネスモデルを9つの要素に分類し，
それぞれの要素がどのように関係しているか，をあらわしたフレームワーク
です。

　企業はビジネスモデル・キャンバスを活用することで，ビジネスモデルの
全体像を把握するとともに，共通フレームワークとしてビジネスモデル同士
を比較することもできます。

3.2 ビジネスモデル・キャンバスの構築プロセス

3.2.1 顧客に価値を届ける

　ビジネスモデル・キャンバスを作成するプロセスに沿って各要素について
学びましょう。企業はビジネスモデル・キャンバスを作成するにあたって，
右側にある企業の外部環境に関する領域から記述していきます（**図表6-6**）。

図表6−6 ビジネスモデル・キャンバスと外部環境

KP (Key Partners) パートナー	KA (Key Activities) 主要活動	VP (Value Propositions) ② 価値提案	CR (Customer Relationships) ④ 顧客との関係	CS (Customer Segments) ① 顧客セグメント
	KR (Key Resources) リソース		CH (Channels) ③ チャネル	
CS (Cost Structure) コストの構造		RS (Revenue Streams) ⑤収益の流れ		

出所：Osterwalder & Pigneur［2010］をもとに筆者作成。

(1) 顧客セグメント（Customer Segments：CS）

顧客セグメント（CS）では，新規事業でかかわろうとする顧客グループを定義します。本書の第4章第2節で見出したペルソナ（ターゲットとする顧客像）をもとに顧客セグメントを決定し，そのニーズを深く理解しましょう。

顧客セグメントはビジネスモデルの根幹となるため，複数の要素を持たせず，顧客セグメント単位でビジネスモデル・キャンバスを作成しましょう。

(2) バリュープロポジション（価値提案，Value Propositions：VP）

バリュープロポジション（価値提案，VP）では，顧客にどのような価値を提供するのか，どのような問題を解決するのか，について記述します（第4章第3節）。

企業は新規事業のバリュープロポジションによって顧客セグメント（CS）で設定した顧客の課題を解決し，ニーズに応える価値を見出します。

(3) チャネル（Channels：CH）

チャネル（CH）については，どのように顧客とコミュニケーションし，価値を届けるか，について記述します。

企業はチャネルにおいて，新規事業の価値を顧客に届ける（販売する）とともに，新商品やサービスの知名度を向上するプロモーションの機能や，購入後のアフターサービスを提供する機能についても決めます。

(4) 顧客との関係（Customer Relationships：CR）

企業は新規事業において販売後に顧客との関係を継続する工夫が必要です。そこで，顧客との関係（CR）では，選択した顧客セグメントとどのような関係を結ぶのかを記述します。

企業は顧客を獲得し，維持し，拡大するため，顧客との関係性を創出します。たとえば，顧客が購入後の商品やサービスに関するレコメンデーション（recommendation）を記入し共有できる環境の提供や，顧客同士のつながりを促進するユーザーコミュニティの環境を提供することで，顧客が新規事業から提供される商品やサービスから離れられなくなる仕組みを構築します。

(5) 収益の流れ（Revenue Streams：RS）

企業が新規事業の商品やサービスを提供した後，顧客から得られる収益の流れ（RS）を記述します。

収益の流れに至るまでに記述した内容によって，価格の設定や収益の獲得方法は異なります。たとえば，商品やサービスの販売，サービスの利用料，定期的な購読料，レンタル料，リース料，ライセンス契約での収入など，ビジネスモデルに応じて，収益の獲得方法は多様であるためです。

そこで，顧客が新規事業のどのような価値に対価を支払っているのか，という視点によって，バリュープロポジションと収益の獲得の関係について，常に検討する必要があります。

3.2.2 自社の経営資源を整える

続いて，ビジネスモデル・キャンバスの左側では，新規事業に必要不可欠となる自社の経営資源について整備します（**図表6-7**）。

図表6-7 ビジネスモデル・キャンバスと経営資源

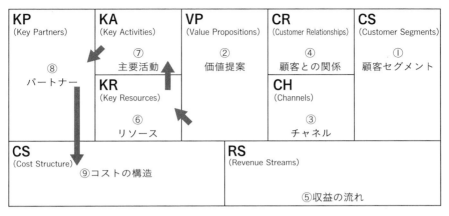

出所：Osterwalder & Pigneur［2010］をもとに筆者作成。

(6) リソース（Key Resources：KR）

　企業は新規事業の創造において，顧客に価値を提供する上で重要な役割を担う経営資源（リソース（KR））を明らかにし整備します。

　リソースには有形資産（建物，機械，販売システムなど）だけでなく，知的資産，ファイナンス，人的資源なども該当します。

(7) 主要活動（Key Activities：KA）

　主要活動（KA）は，企業が新規事業のビジネスモデルを実行する上で，必ず行わなければならない活動を指します。

　製造業であれば，製品の設計，製造，サービスなどが主要活動になるでしょう。また，コンサルティング会社や病院であれば，顧客が個々に抱える問題を解決するための活動が主要活動になります。

(8) パートナー（Key Partners：KP）

　企業が新規事業を自社のみで実行しなければならないわけではありません。

　オープン・イノベーションやオープン＆クローズ戦略（第5章第3節）では，自社の強み（コアコンピタンス）に魅力があれば，オープン領域にパー

トナーが集まることを学びました。

この他にも，お互いの経営資源を補完し合う戦略的提携や，新規事業のために共同で企業を立ち上げるジョイントベンチャー（joint venture），重要な資源のサプライヤー（suppliers）などがパートナー（KP）にあたります。

⑼　コスト構造（Cost Structure：CS）

企業が新規事業を運営する上で発生するすべてのコストが対象となります。

たとえば，価値を創出し，顧客に届け，顧客との関係を維持し，収益を獲得するために必要なコストです。

ビジネスモデルを構築する上で重要なポイントは「⑸収益の流れ（RS）」から「⑼コスト構造（CS）」を差し引くと利益が生まれることです。

以上のプロセスによって，ビジネスモデルを構築します。ただし，企業が事業を創造する際，ビジネスモデル・キャンバスを活用する上での留意点は，1度作成すれば終わりではないということです。

企業は新規事業について何度も議論し，ビジネスモデル・キャンバスを見直し，再作成することで，ビジネスモデルの完成度を高めます。

また，作成したビジネスモデル・キャンバスをもとにピクト図解を作成し，どのような仕組みで儲けるのかという視点で，ビジネスモデルの有効性を確認する取り組みも有効です。

3.3　プレスリリースで価値を発信する

新規事業のビジネスモデルを構築した後，その価値が市場に的確に伝わるかどうか，について確認するため，プレスリリース（Press Release）を作成します。併せて，新商品やサービスの発表も意識して想定Q＆Aも作成しましょう。

なお，プレスリリースの作成にあたっては，以下に注意します。

タイトルは重要なポイントをできる限り簡潔にまとめます。また，誇大表現にならないように気を付けましょう。

プレスリリースの本文には「顧客（ターゲット）は誰か」「従来の商品や競合の商品と比較して，何が違って，どこが優れているのか（差別化要素）」「顧客にとって最大のメリットは何か」「顧客のニーズは何か」「顧客の体験はどのように変わるのか」などを盛り込みましょう。

特にリード文（第1段落）が重要です。一般的に記者はタイトルとリード文だけを見てプレスリリースを最後まで読むかを検討し，記事化について判断します。

そのため，タイトルとリード文（第1段落）だけでどれだけプレスリリースの主旨を伝え，興味を引けるか，が重要になります。リード文には日時・価格・サイズなどの正確な数字データを盛り込みながら，わかりやすく簡潔に商品の特長を記述しましょう。

その後，新商品・サービスの詳細な特長・概要説明・補足説明・今後の展望などを述べます。

通常，プレスリリースは，新商品やサービスの発表時に作成されます。しかし，アマゾン（Amazon）では半年後から5年後に実現したい新商品やサービスを提案する際，社内でまずプレスリリースを作成し，これを社内での議論の材料にした上で，実行の可否を決めています（谷［2021］）。

つまり，ビジネスモデルを作成する方法の1つとして，まず価値を発信するプレスリリースを作成してみるという方法もあるのです。本章で学んだピクト図解やビジネスモデル・キャンバスとともに活用しましょう。

Research

1. 自分の知っている企業の商品やサービスのビジネスモデルをピクト図解で描いてみよう。
2. 新たな商品やサービスのビジネスモデル・キャンバスを描いてみよう。
3. 2.で考えた商品やサービスについて，プレスリリースを作成してみよう。

Debate

1. 新規事業のビジネスモデルの構築にあたって，どのように競合する企業と差別化をすればよいでしょうか？　議論しよう。

2. 構築したビジネスモデルを見直し，強化するためにはどのような取り組みがもとめられるでしょうか？　議論しよう。

参考文献

板橋悟［2010］『ビジネスモデルを見える化する ピクト図解』ダイヤモンド社。

加護野忠男・井上達彦［2004］『事業システム戦略：事業の仕組みと競争優位』有斐閣アルマ。

谷敏行［2021］『Amazon Mechanism：イノベーション量産の方程式』日経 BP 社。

Chan Kim, W. and Mauborgne, R.［2015］*Blue Ocean Strategy: Expanded Edition*, Harvard Business School Publishing Corporation.（入山章栄監訳『［新版］ブルー・オーシャン戦略：競争のない世界を創造する』ダイヤモンド社，2015 年）.

Osterwalder, A. and Y. Pigneur［2010］*Business Model Generation: A Handbook for Visionaries, Game Changers, and Challengers*. John Wiley & Sons。（小山龍介訳『ビジネスモデル・ジェネレーション ビジネスモデル設計書』翔泳社，2012 年）.

Osterwalder, A., Y.Pigneur, G. Bernarda, and A. Smith［2015］*Value proposition design: How to create products and services customers want*. John Wiley & Sons.（関美和訳『バリュー・プロポジション・デザイン：顧客が欲しがる製品やサービスを創る』翔泳社, 2015 年）.

Porter, E.［1980］*Competitive Strategy: Techniques for Analyzing Industries and Competitors*, Free Press.（土岐坤・中辻萬治・服部照夫訳『競争の戦略』ダイヤモンド社，1982 年）.

第 **II** 部

起業

第7章
起業とアントレプレナー

第8章
スタートアップと経営理念

第9章
マーケティングと販路開拓

第10章
人材と組織

第11章
資金調達と運用

第12章
事業計画書の作成

第7章 起業とアントレプレナー

第Ⅱ部 起業

Points
- 起業とは何か，起業の基本を押さえた上で，日本における起業の動向を知り，その課題と方向性について学びます。
- アントレプレナーシップの本質を理解した上で，アントレプレナーのタイプや行動特性，社会における役割を学びます。
- 諸外国と日本の起業環境の違いをデータで比較した上で，アントレプレナーの育成と支援策について学びます。

Key Words
起業，アントレプレナー，スタートアップ，ベンチャー，開業率，廃業率，ソーシャルビジネス

1 起業

1.1 起業とは

　起業とは，新たに事業を起こす（始める）ことをいいます。企業内で新たな事業を始める場合と，独立して開業する場合の2つに大別できますが，後者を起業と呼ぶのが一般的です。本書も後者を起業として扱います。

　起業は，事業創造における最も主要な手法であり，経済発展における重要な機能の1つといっていいでしょう。政府はこれまで日本経済の発展に寄与する起業を，政策として推進してきました。1990年以前は，中小企業に対して大企業の格差是正のための規模拡大やグローバル化を支援しましたが，2000年代に入り，ITベンチャーブームが到来し，会社法改正をはじめとす

る起業しやすい法制度の整備を進めました。

　起業には，付加価値の創出に加えて雇用創出の効果があります。起業が盛んな地域には多くの雇用が生まれ，周辺企業は有形無形の恩恵を享受し，競争と協力の活発化によって，また新たな産業が生まれます。1998年に設立されたGoogleが，起業した地のカリフォルニアにとどまらず，世界中にどれだけの派生的なビジネスを生み出したかを思い浮かべるとわかりやすいでしょう。

　米国の巨大IT企業群，いわゆるGAFAM[1]は，人々の暮らしを一変させるようなイノベーションを社会にもたらすことで，短期間のうちに世界を席巻するグローバル企業になりました。1990年代後半から2000年代にかけて，米国ではシリコンバレーを中心にITベンチャー企業が相次いで誕生しました。現在米国には650社を超えるユニコーン企業[2]が存在しているのに対し，日本には5社しかありません（日本経済新聞社「NEXTユニコーン調査」）。

　起業には起業する目的があります。貧困国の経済発展に寄与したり，児童虐待防止に取り組んだりと社会課題解決を目的とする事業をソーシャルビジネスといいます。経済産業省は，①社会性を持つこと，②社会性と同時に利益を追求すること，③新しいビジネスのスタイルとして革新性があることの3点を満たすビジネスをソーシャルビジネスと位置付けています。取り組み自体はNGO活動や民間ボランティア活動と近いものがありますが，事業として成立させ，一時的でなく将来につながるよう持続可能なビジネスモデルを構築しています。

　また，企業勤務や業種経験を経て40〜60歳代に起業する場合と，20〜30歳代の学生や若者が起業する場合とでは，起業までのプロセスや起業スタイルも異なります。家業（ファミリービジネス）の後継ぎとして入社し，新事業を立ち上げる第二創業と，まったくのゼロから起業するケースでは，資金面をはじめとする経営資源の調達に大きな違いが生まれます。

1.2 起業の形態

起業の際には，事業目的を定め，資金を用意し，必要な人材を集め，ビジネスモデルの実現に向けた体制を整えます。事業開始に費用がかからず，手続きが簡素な個人事業として起業することもありますし，手続きに費用はかかりますが，信用の得られやすい株式会社を設立する場合もあります。社会性の高い事業ではNPO法人や一般社団法人といった公益法人を選ぶこともできますし，定款の認証が不要で簡易な会社形態である合同会社（LLC）もあります（**図表7-1**）。起業をするには，まず自分の事業に最適な形態を選んで事業を行う体制を整えます。

1.2.1 個人事業

個人事業は，法人に比べて，起業時の手続きが簡単で費用がかかりません。利益が少ないうちは税の負担が少なく，税務申告が簡単で，経理事務の負担もさほど多くはありません。一方で，取引や融資，人材採用などの面で不利になりやすく，法人に比べると社会的信用度が劣ることがデメリットです。事業を行う中で債務が発生した場合は，その債務に対して経営者個人にも責

図表7-1 起業の形態

個人事業主	株式会社	合同会社（LLC）	有限責任事業組合（LLP）	特定非営利活動法人（NPO）
自営業やフリーランスとも呼ばれ，起業や運営が最も簡単な形態。小規模事業に向く。従業員を雇うこともできる。ただし事業の債務は個人事業主の無限責任となる。	多くの投資家から資金を集めて大きな事業を運営するのに適した形態（法人）。株主総会が最高意思決定機関となる。資本金1円から設立可。企業全体の90％以上を占める。会社の債務に対して有限責任。	米国のLLCを参考にした法人形態で，日本版LLCとも呼ばれる。形態は株式会社に近いが，株式会社より簡単に設立でき，運営の自由度も高い（法人）。	有限責任で出資者への利益の分配も自由に決められる組合。法人格ではないので，パススルー課税*となる。また，入札や許認可の主体になれない。	営利を目的としない，社会貢献活動を行う業種の限定された法人。利益をあげることはできるが，利益を会員（社員）に分配できず，NPO法人の活動費や社会貢献活動に充てる。設立に時間がかかる。

注：パススルー課税は，法人や組合の利益には課税せずに，その利益の配分を受けた構成員（個人）に課税する方式。
出所：中小企業基盤整備機構［2023］をもとに筆者作成。

任が及ぶ無限責任になります。

1.2.2 株式会社

個人事業に相対する形態は法人（法人格）です。株式会社，合同会社（LLC：Limited Liability Company），特定非営利活動法人（NPO：Non-Profit Organization）などは法人格を有します。

株式会社は法人の代表格で，企業の90％以上が株式会社です。会社が発行した株式を購入してもらうことで，事業の元手となる資金（資本）を集めますので，多くの投資家から多くの資金を集めたい事業に最適です。定款の認証や登記といった手続きを経るため，個人事業に比べて社会的信用が得られやすい特徴があります。利益（課税所得）が大きくなると，個人事業よりも節税メリットがあり，資本金1円以上，取締役1人で設立が可能です。会社の債務に対しては，出資金の範囲内で責任を負う有限責任です。

一方で，個人事業や合同会社に比べて，株式会社の設立や運営手続きには手間と費用がかかります。最高意思決定機関は株主総会となるため，多数の株主がいる企業は経営者の一存では決められないこともあります。決算公告の義務があり，税務や社会保険の手続きなど，管理業務が多く運営は複雑になります。

なお，有限責任事業組合（LLP：Limited Liability Partnership）は，設立が容易で利益分配も自由にできる事業組合ですが，法人格を有しません。そのため事業であげた利益に対し法人税が課されるのではなく，利益の配分を受けた構成員個人に対して所得税が課税されます（パススルー課税）。

1.3 日本の起業環境

起業環境を示す指標として，開業率と廃業率[3]を見てみましょう。近年の日本の開業率は1988年をピークに低下傾向で，2000年代には緩やかに上昇しましたが，2020年時点では5.1％にとどまっています。廃業率は，1996年以降上昇傾向でしたが，2010年から低下し，2020年時点では3.3％です。

図表7−2　開業率と廃業率の国際比較

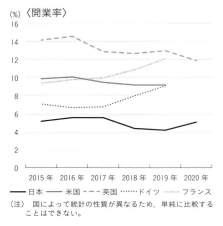
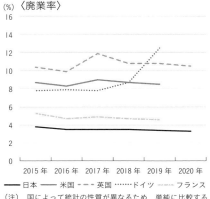

（注）国によって統計の性質が異なるため，単純に比較することはできない。

出所：中小企業庁［2022］。

　米国や欧州主要国と比較すると，日本は開業率と廃業率がともに低く（**図表7−2**），欧米諸国を多産多死型とすると，日本は少産少死型といえます。

　なぜ日本は起業が活発ではないのでしょうか。国際比較に基づいて要因をみていきましょう。まず，日本は起業を望ましい職業選択と考える人の割合が主要国よりも顕著に低いことがわかります（**図表7−3**）。起業した人が身近にいる割合も低く（**図表7−4**），起業になじみが薄いといえます。しかしながら，在学中に就職先が決定している割合は，諸外国に大きな差をつけて１位です（**図表7−5**）。日本の大学では有名企業への就職者数は重視してきましたが，起業家を何人輩出したかはあまり重視してきませんでした。日本の学校教育では起業ノウハウを学んでおらず，周囲にも起業家がいないため，起業を職業選択の１つに考えることが少ない日本独特のキャリア教育像が浮かび上がります。

　日本政策金融公庫総合研究所［2023］によると，起業時の平均年齢は43.7歳で，起業時の年齢は上昇傾向にあります。年齢層別では「40歳代」が37.8％と最も高く，次いで「30歳代」が30.1％となっています。「29歳以下」は5.8％で，「60歳以上」の6.1％を下回る少なさです。

　開業直前の職業は「正社員・正職員（管理職）」の割合が40.0％と最も高く，

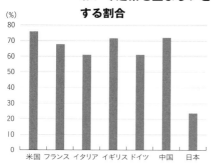

図表7-3 主要6カ国の職業選択において起業を望ましいとする割合

注：イタリアのみ 2021/2022 Report データを利用。
出所：GEM 2022/2023 Global Report をもとに筆者作成。

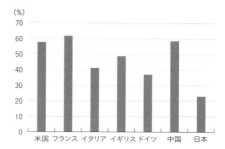

図表7-4 新しく起業した人を知っている人の割合

注：イタリアのみ 2022/2023 Report データを利用。
出所：GEM 2022/2023 Global Report をもとに筆者作成。

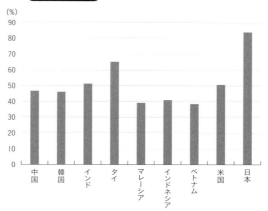

図表7-5 在学時点での就職先決定率

出所：豊田［2013］をもとに筆者作成。

次いで「正社員・正職員（管理職以外）」が30.9％であり，「勤務経験」のある割合が98.1％，さらに「斯業経験」[4]のある割合は84.4％です。

以上から，日本では，学生時代に起業する，あるいは卒業してすぐ起業するという人は少なく，企業勤務を経て，40歳前後で起業する起業家像が浮かび上がります。

2 アントレプレナー

2.1 アントレプレナーとは

　起業家を意味するアントレプレナー（Entrepreneur）は，カンティロン（Cantillon, R.）が『商業試論』において初めて用いたとされます（Cantillon [1730]）。その約200年後，シュンペーターが『経済発展の理論』において経済発展の真の担い手としてのアントレプレナーを描き，社会経済における役割の大きさに関心が集まるようになりました。アントレプレナーを実業家・資本家・発明家と区別し，生産要素の組み合わせによる新結合を探求する人とし，のちに新結合をイノベーションと言い換えました（Schumpeter [1912]）。

　ドラッカーは『イノベーションと企業家精神』において，アントレプレナーを，変化を探し，変化に対応し，変化を機会として利用する者であり，何か新しい異質のものを創造し，変革をもたらし，社会に貢献すると表現しました（Drucker [1985]）。

　一方，カーズナー（Kirzner, I.M.）は『競争と企業家精神』において，利益の追求を目指して機敏に機会を認知する思考や行動がアントレプレナーであり，イノベーションだけでなく，競争や模倣のなかにも機会はあるとしました（Kirzner [1978]）。

　アントレプレナーは「起業家」と「企業家」，両方に訳されることがありますが，事業を起こす人，創業する人を意味する「起業家」を使う流れが一般的です。時代とともにアントレプレナーの概念が広がり，「起業家」の意味を包含する「企業家」を用いることもありますが，本書では「アントレプレナー」と「起業家」を同義に扱います。本書第Ⅰ部は「アントレプレナーシップ＝企業家精神」を，第Ⅱ部では「アントレプレナー＝起業家」を説明しています。

2.2 アントレプレナーのタイプ

アントレプレナーは，起業の目的，立場，関わり方などによって，いくつかに分類することができます（**図表7-6**）。起業の動機が生活上の必要性であるタイプが生計確立型アントレプレナー，発見したビジネスチャンスに取り組むタイプが事業機会型アントレプレナーです。

所属する企業内で起業するタイプはコーポレート・アントレプレナーであり，イントレプレナーとも呼ばれます。ファミリービジネスを母体に世代間で企業家精神を継承するタイプがファミリー・アントレプレナーです。

起業した事業が軌道に乗り発展すると，次の事業を立ち上げ連続的に起業に関わる人はシリアル・アントレプレナー，同時並行的に複数の起業に関わる人はパラレル・アントレプレナーです。

さらに，初めて起業をした人はノヴィス・アントレプレナー，起業した経験を持つ人はハビチュアル・アントレプレナーとも分けられます（山田他

図表7-6 アントレプレナーのタイプ

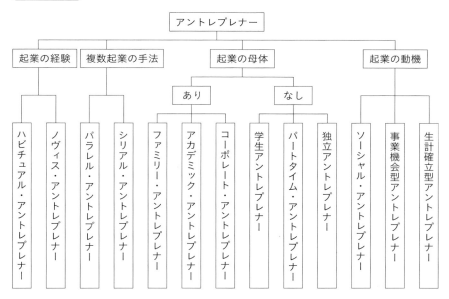

出所：筆者作成。

［2017］）。

近年注目されているのは，社会課題の解決に取り組むソーシャル・アントレプレナー，学生が起業する学生アントレプレナー，大学の組織的な支援により起業するアカデミック・アントレプレナー，副業として起業するパートタイム・アントレプレナーなどです。

このようにさまざまなタイプのアントレプレナーがいることは，所属する集団がたとえどこであっても起業の機会があることを意味しています。学校，企業，家業，地域社会など，自分を取り巻く環境やステークホルダー，タイミングなどを検討し，これらを結び付けて見出した事業機会を起業に生かす視点が大切です。

2.3 日本の起業家の実態

日本における起業家の実態を，データで見ていきましょう。日本政策金融公庫総合研究所［2023］によると，起業時の平均年齢は 43.7 歳で，30 歳代と 40 歳代で 3 分の 2 を占めています。起業前の職業は，正社員や管理職が最も多く，勤務経験のある起業家が 98.1％です。男女別では，男性 75.2％，女性 24.8％で，1991 年当時 12.4％だった女性は調査開始以来，2 倍に増えました。最終学歴は，「大学・大学院」（36.1％）が最も多く，次いで「高校」（29.2％），「専修・各種学校」（26.1％）です。

起業したときの業種は，「サービス業」が 28.6％と最も多く，年々増加傾向にあります。次いで，「医療・福祉」（17.0％），「小売業」（11.9％），「飲食店・宿泊業」（11.0％）と続き，この上位 4 業種で全体の 7 割弱（68.5％）を占めています。

起業当初に苦労したことは，「資金繰り，資金調達」（59.6％）が最も多く，次いで「顧客・販路の開拓」（48.5％）ですが，起業後に苦労していることは，「顧客・販路の開拓」（49.5％）が最多になり，「資金繰り，資金調達」（37.0％）と続きます。

起業家の悩みの上位である資金について，起業時にかかった費用は，500

万円未満が43.8%，1,000万円未満が72.2%を占めています。2023年の平均値は1,027万円，中央値は550万円で，長期的にみて少額化の傾向にあります。資金調達額は平均1,180万円で，その内訳は金融機関からの借入が768万円，自己資金が280万円，親・兄弟・知人等は87万円です。

　起業時の従業者数は平均2.8人で（経営者本人を含む），2010年より徐々に減少しており，開業費および従業員ともに小さくスタートアップする傾向にあります。月商は，100〜500万円未満が43.4%，100万円未満が42.7%で，2023年には58.6%の事業者が売上増加傾向にあります。黒字基調の事業者は64.7%であり，国内企業の約3分の2が赤字である現状と比較すると，経営状況は悪くありません。

　事業所までの通勤時間（片道）は15分未満が半数以上で，25.5%は事業所を自宅としています。世界的な大企業を作り上げた起業家の中にも，起業当初は自宅の一部やガレージをオフィスにして一歩を踏み出し，その後自由な発想による創造的破壊で事業を拡大した例が見られます。起業はできることから始めて，ビジネスモデルをブラッシュアップし規模を拡大する「小さく産んで大きく育てる」スタイルが望ましいといえます。

3 起業とアントレプレナーシップ

3.1 起業とアントレプレナーシップとの関連性

　シュンペーターは，企業家を管理者，投資家とは違う存在としました。管理者は託された事業を運営する人，投資家は事業に資本を提供する人です。企業家は，従来の材料の組み合わせや生産方法を創造的に破壊し，新結合の発見によるイノベーションを通して未来の価値を創造し，新たな産業を創出していくまでの大きな存在とされました。つまりアントレプレナーシップは，創造的破壊によるイノベーションに伴う一連の活動ということです。

　カーズナーは，競争社会のなかで，過去の慣習や文化に囚われることなく，

可能性を秘めた資源や生産方法を，発見した生産性の高い事業機会に素早くシフトする機敏性だとしました。

　ドラッカーは，アントレプレナーシップを気質ではなく行動であるとし，すでに行っていることをより上手に行うことよりも，まったく新しいことに価値を見出すとしました。「生まれつきのものではない。創造でもない。それは仕事である」とし，天性の才能や偶然の産物ではなく，後天的な学習によって獲得可能な能力と主張し，現在に至るまでに大きな影響を与えました。

　GEM Global Report［2023］では，各国の総合起業活動指数（TEA：Total Early-Stage Entrepreneurial Activity）を，「態度（Attitude）」「行動（Activity）」「意欲（Aspiration）」で示しています。そのなかで，「行動」は各国の経済発展の状況に依存するとし，経済発展が低い段階では，企業への就職機会が少ないために起業する傾向が強いとしています。

　経済発展の状況はアントレプレナーシップに影響を及ぼし，経済発展に伴い起業活動が低下することから，各国のアントレプレナーシップを比較分析する際には，インド，エジプトなど7カ国を要素主導型経済（Factor-Driven Economies），ブラジル，中国など8カ国を効率主導型経済（Efficiency-Driven Economies），米国，日本など欧米主要国34カ国をイノベーション主導型経済（Innovation-Driven Economiesと3つの経済圏にわけています。

　日本の総合起業活動指数は，イノベーション主導型経済の34カ国中30位と低く，アントレプレナーシップを高める余地は十分にあると考えられています。

3.2　アントレプレナーの行動特性と育成

　アントレプレナーの行動特性はどのようなものでしょうか。ミラー（Miller, D.）は，「innovation」「proactiveness」「risk taking」の3点を同時に持つとしています（Miller［1983］）。ミンツバーグ（Mintzberg, H.）は，「art」「science」「craft」という3領域を兼ね備える人物とします（Mintzberg［2005］）。行動特性は置かれた状況によっても異なるため，多くの学説がありますが，ア

ントレプレナーシップの中核をなすイノベーションや価値創造が特徴的な行動と言えるでしょう。

このような行動特性を持つアントレプレナーを育成するにはどうすればよいのでしょうか。忽那憲治他は，アントレプレナー教育にはクリステンセン（Christensen, C.M.）他の『イノベーションの DNA』（Christensen 他［2019］）が示すモデルを援用できるとします（忽那他［2022］p.15）。これは 2 つのマインド「現状に挑戦する」「リスクを取る」と，4 つの行動的スキル「質問力」「観察力」「人脈力」「実験力」，組み合わせの認知的スキル「関連付け力」の 7 要素からなり，多くの破壊的イノベータの分析結果をわかりやすく体系化しています。

アントレプレナーシップは資質ではなく能力や行動であり，誰もがアントレプレナーになりうる可能性があります。日本の開業率が低く，ユニコーン企業の数が少ないのは，育った環境において起業家教育や起業に触れる機会が少なかったために，そもそも起業がキャリアの選択肢に入っていなかったことが主要因とも考えられます。

文部科学省［2021］によると，日本において起業が少ないと考える原因として，失敗への危惧が最も高く，4 割近いベンチャー企業が再チャレンジは難しいと考えています。2 番目に高い理由としては身近に起業家がいないこと，3 番目に高いのは学校教育です。学校教育については，勇気ある行動への評価が低いことがあげられています。他にも，安全・安定を求める親の家庭教育や，成功しても尊敬される程度が低い世間の風潮があげられており，国家としてアントレプレナーシップ教育に取り組む必要性を示しています。

しかし，アントレプレナーシップ教育を実施する大学の割合は，2020 年時点で約 3 割にとどまります。アントレプレナーシップ教育を未実施の大学のうち，約 7 割が教育の必要性を感じているにもかかわらず，リソース不足や他に優先すべき教育内容があるとし，約 6 割強が今後実施する予定がないのが現状です。

日本政府は 2022 年を「スタートアップ創出元年」に位置づけ，起業の増加に向けた「スタートアップ育成 5 か年計画」を策定しました。将来的に，

ユニコーン100社とスタートアップ10万社を創出し,日本がアジア最大のスタートアップハブに,世界有数のスタートアップ集積地になることを目指すとしています。「人材・ネットワークの構築」「資金供給の強化と出口戦略の多様化」「オープンイノベーションの推進」の3つの柱を掲げており,起業経験者や専門家が助言するアクセラレーター・メンター制度やIPO(株式公開)の柔軟化,学校による起業教育とスタートアップ支援の大幅拡充などが盛り込まれています。

3.3 起業家支援

日本政策金融公庫総合研究所[2024]によると,起業に関心のある人が,起業に関心をもった理由は,「収入を増やしたい」(59.8%),「自由に仕事がしたい」(45.6%)が上位にあがります(**図表7-7**)。一方で,事業を始めてよかったことは,「自由に仕事ができた」(48.6%)が最上位です(**図表7-8**)。

起業に関しての不安は,失敗したときのリスクとして,「安定した収入を失うこと」(63.7%),「借金や個人保証を抱えること」(61.1%),「事業に投

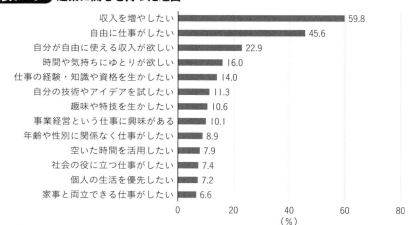

図表7-7 起業に関心を持った理由

注:起業関心層による3つまでの複数回答,回答5%以上。
出所:日本政策金融公庫総合研究所[2024]。

下した資金を失うこと」（59.4％），「家族に迷惑をかけること」（54.8％）と経済的な問題をあげています（図表7−9）。

　起業の際にあったらよい支援策は，「税務・法律関連の相談制度の充実」（53.8％），「事業資金の調達に対する支援」（39.9％），「技術やスキルなどを向上させる機会の充実」（39.8％）が求められており，経営に関する情報やスキルへの支援ニーズが高いといえます。

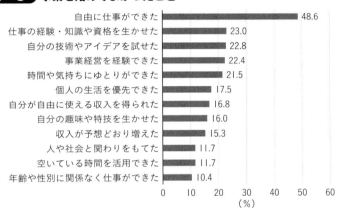

図表7−8　事業を始めてよかったこと

注：複数回答，10％以上の回答。
出所：日本政策金融公庫総合研究所［2024］。

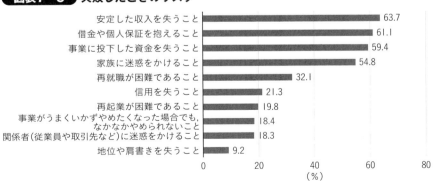

図表7−9　失敗したときのリスク

注：複数回答。まだ起業していない理由を「失敗した時のリスクが大きい」と回答した人に尋ねた。
出所：日本政策金融公庫総合研究所［2024］。

設立したばかりの企業は，資本金あるいは従業員数が少なく，個人事業主や小企業，中小企業に分類されることがほとんどです。「中小企業基本法」（第2条）では，資本金3億円以下あるいは常時雇用する従業員300人以下を中小企業と定義しています（製造業の場合）[5]。さらに，従業員20人以下の場合を小規模企業者とし[6]，大企業との競争や取引面で不利に立つことの多い中小企業・小規模企業者を国の政策として支援しています。起業にあたり，また起業して間もない時期，小規模であるうちは，さまざまな支援が受けられるようになっています。

近年は，規模による一律的な分類では企業の性質を言い表しにくいことが増えてきました。中小企業が成長して大企業になることが必ずしもその事業に合っているともいえず，スモールビジネスとしてある分野に特化して存在し続ける企業もあります。起業・創業，スタートアップ，ベンチャー他さまざまな呼び方があり，一例として，ベンチャーは新技術や高度な知識を軸に，大企業では実施しにくい創造的・革新的な経営を展開し，成長を目指す新興企業，スタートアップは企業ライフサイクルにおける導入期の企業で，イノベーションによる社会課題の解決をめざすなど，分類方法や定義がまだ画一的ではありません。

日本での起業は，かつてに比べて格段に容易になりました。現在の会社法では，資本金は1円以上，取締役は1人以上で株式会社が設立できます。インターネットによって部品や材料の調達や商品の仕入が容易にでき，販売先は国内だけでなく世界中に広がり，労務・会計・税務申告などの手続きは，専門家を雇わなくても安価なクラウドサービスを利用することも可能です。

それでも依然として，生涯のうちに起業を経験する人は少数かもしれません。しかしアントレプレナーシップは，どの集団に属していても誰にでも必要なスキルです。そして，起業を常に職業の選択肢の1つに持っておくことは人生をより豊かにするでしょう。

《注》

1) GAFAMとは，米国の巨大IT企業5社。Google（アルファベット），Amazon，Meta（旧Facebook），Apple，Microsoftの頭文字をとってGAFAMとされる。

2) ユニコーン企業とは，評価額10億ドル以上の未上場企業のこと。設立10年以内やITの業種に限定する場合もある。デカコーン企業，ヘクトコーン企業については，第1章p.25参照。

3) 日本で用いられる開業率および廃業率は，「雇用保険事業年報」を基に中小企業庁が算出している。事業所における雇用関係の成立，消滅をそれぞれ開廃業とみなしているため，企業単位の開廃業を確認することはできない。

4) 斯業経験とは，現在の事業に関連する仕事をした経験のこと。

5) 「中小企業基本法」（第2条）では，①資本金3億円以下あるいは常時雇用する従業員300人以下の製造業・建設業・運輸業・その他（②～④以外），②資本金1億円以下あるいは常時雇用する従業員100人以下の卸売業，③資本金5,000万円以下あるいは常時雇用する従業員100人以下のサービス業，④資本金5,000万円以下あるいは常時雇用する従業員50人以下の小売業を中小企業と定義している。

6) 「中小企業基本法」（第2条第5項）では，常時雇用する従業員が20人以下（卸売業・小売業・サービス業は5人以下）を小規模企業者と定義している。

Research

1. 知っているアントレプレナーを書き出してみよう。そのアントレプレナーはどのような経緯で起業したのか調べてみよう。

2. 地域内や日本国内で起業した経営者は，成長の過程でどのような困難や苦労があったか調べてみよう。

3. 起業したばかりの企業と，歴史ある企業では，どのような違いがあるか調べてみよう。

Debate

1. 成功するアントレプレナーの行動特性にはどのような共通点があるか，知っているアントレプレナーを思い浮かべて議論しよう。

2. 起業が活発な社会にするには，日本には現状どのような課題があるか議論しよう。

参考文献

忽那憲治・長谷川博和・髙橋德行・五十嵐伸吾・山田仁一郎［2022］『アントレプレナーシップ入門〔新版〕：ベンチャーの創造を学ぶ』有斐閣ストゥディア。

清水洋［2022］『アントレプレナーシップ』有斐閣。

新藤晴臣［2015］『アントレプレナーの戦略論』中央経済社。

髙橋德行・大驛潤・大月博司［2023］『アントレプレナーシップの原理と展開：企業の誕生プロセスに関する研究』千倉書房。

中小企業庁［2022］『2022年版中小企業白書』日経印刷株式会社。

寺島雅隆［2013］『起業家育成論：育成のための理論とモデル』唯学書房。

東洋大学経営力創成研究センター［2019］『スモールビジネスの経営力創成とアントレプレナーシップ』学文社。

豊田義博［2013］『日本の大卒就職市場の真の課題は何か？：アジア主要国のキャリア選択行動比較』Works Review 8 (3)，リクルートワークス研究所。

日本経済新聞社［2023］「日本経済新聞」2023年7月7日朝刊。

日本政策金融公庫総合研究所［2023］「2023年度新規開業実態調査」。

日本政策金融公庫総合研究所［2024］「2023年度起業と起業意識に関する調査」。

山田幸三・江島由裕［2017］『1からのアントレプレナーシップ』碩学舎。

Cantillon, R［1730］*An Essay on Economic Theory*, Mises Institute（津田内匠訳『商業試論』名古屋大学出版会，1992年）.

Christensen, C. M. and Dyer, J. M. and Gregersen, H .B.［2019］*The Innovator's DNA*, Harvard Business Review Press（櫻井祐子訳『イノベーションのDNA［新版］破壊的イノベータの5つのスキル』翔泳社，2021年）.

Drucker, P. F.［1985］*Innovation and Entrepreneurship*, HarperCollins e-books（上田惇生訳『イノベーションと企業家精神』ダイヤモンド社，1985年）.

Kirzner, I. M.［1978］*Competition and entrepreneurship*, University of Chicago Press（江田三喜男他訳『競争と企業家精神：ベンチャーの経済理論』千倉書房，1985年）.

Mintzberg, H.［2005］*Managers not MBAs*, Berrett-Koehler Publishers（池村千秋訳『MBAが会社を滅ぼす：マネジャーの正しい育て方』日経BP，2006年）.

Miller, D.［1983］*Revisited A reflection on EO research and some suggestions for the future*, Entrepreneurship Theory and Practice 35 (5)．

Schumpeter, J. A.［1912］*Theorie der wirtschaftlichen Entwicklung*, Verlag von Duncker & Humblot（八木紀一郎・荒木詳二訳『シュンペーター経済発展の理論〈初版〉』日経BP日本経済新聞出版本部，2020年）.

中小企業基盤整備機構［2023］「夢を実現する創業」
https://www.smrj.go.jp/supporter/tool/guidebook/fbrion0000004agy-att/20230808_yumeojitsugensuru_sogyo.pdf（2024年2月10日閲覧）.

内閣官房［2022］「スタートアップ育成5か年計画」

https://www.cas.go.jp/jp/seisaku/atarashii_sihonsyugi/pdf/sdfyplan2022.pdf（2024 年 6 月 17 日閲覧）.

みずほリサーチ＆テクノロジーズ［2022］「起業家精神に関する調査報告書」https://www.meti.go.jp/policy/newbusiness/houkokusyo/gem.pdf（2024 年 4 月 10 日閲覧）.

文部科学省［2021］「アントレプレナーシップ教育の現状について」
https://www.mext.go.jp/content/20210728-mxt_sanchi01-000017123_1.pdf（2024 年 2 月 24 日閲覧）.

Global Entrepreneurship Monitor 2022/2023 Global Report
https://gemconsortium.org/report/20222023-global-entrepreneurship-monitor-global-report-adapting-to-a-new-normal-2（2023 年 12 月 24 日閲覧）.

第8章 スタートアップと経営理念

第Ⅱ部 起業

Points

- ●経営理念とはどのようなものか，その役割に注目して，なぜ経営理念がスタートアップを含めすべての企業に必要とされるのかを学びます。
- ●経営理念の策定にあたり考えなければならないことや，策定した経営理念を共有することの重要性を学びます。
- ●経営理念が企業の経営戦略とどのように関連しているのか，企業のビジネスの起点としての経営理念の重要性を学びます。

Key Words

経営理念，企業の存在意義，理念浸透，ミッション，ビジョン，バリュー，パーパス，エンゲージメント

1 経営理念とは

1.1 経営理念の重要性

　経営理念は，企業が経営活動を行う上で最も基本的な考え方を表すものです。企業の存在目的や行動規範，組織に共有されるべき価値観を企業内外に伝えるために構築されます。企業の中核となる考え方を表していることから，経営理念は組織のすべての人々の判断基準になります。

　経営理念は，企業の大きさや種類に関わらず，すべての企業に必要なものであるといえます。中小企業の約9割が明文化された経営理念を定めているという調査結果があるほどです（中小企業庁［2022］）。

　経営理念はなぜ必要なのでしょうか。経営理念を掲げることによって，そ

の企業がなぜ存在し，何のために事業を起こし，どんな価値観をもって経営しているのかということを，その企業の社員だけでなく，顧客や取引先，地域住民，株主などのステークホルダー（利害関係者）に示すことができるからです。経営理念を示すことによって，事業戦略や企業内のメンバーの考え方の方向性を合わせることもできます。外部の関係者に対しては，その企業が何を大切にしているのかを理解してもらうことにつながります。つまり，経営理念の存在は，これから多くの困難な局面を乗り越えていかなければならないスタートアップ企業にとって，メンバーや関係者と心を1つにし，共通目的に向かっていくために重要なものとなるのです。

　経営理念は企業の存続にも大きな影響を及ぼすとされます。長寿企業が世界で最も多く存在する日本では，経営理念の研究がさかんに行われています。そのような中でも，経営理念には数々の定義が存在し，統一されているわけではありません。本書では，「経営理念とは，企業や組織が成文化して公表している経営に対する中核的な考え方」と定義します。

　この定義づけには，経営理念が経営者個人のものか組織体のものか（主体），公表されているか（公表性），文として書き表されているか（成文化），という3点がかかわっています。たとえ定義はさまざまでも，経営理念は企業を存続させていくための経営の軸となる考え方や方向性をあらわしているということにかわりありません。

1.2　経営理念の要素と構造

　経営理念にはさまざまな呼称があります。たとえば，企業理念，基本理念，経営目的，企業使命，社是・社訓，経営哲学，信条，信念，価値観，フィロソフィー，パーパス，ミッション，ビジョン，バリューなど，企業によって使用される用語は多岐にわたりますが，本書ではこれらを総じて経営理念として扱います。

　経営理念は多くの場合，複数の要素によって構成されています。要素には，企業の存在意義や使命などの概念をはじめ，価値観や行動指針など具体的な

図表8-1 メルカリグループの企業理念

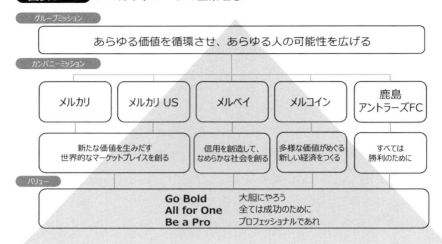

出所:メルカリグループWebページをもとに筆者作成。

内容を表したものまでさまざまです。それらの要素は階層を成していることが多く,企業の存在意義や使命など理想を示すものが上位概念となり,下位にいくほど具体的になっていきます。上位概念を実現させるために示される実践的な価値観や行動指針などは基礎部分におかれます(階層性)。

図表8-1はメルカリグループの経営理念を示したものです。メルカリのグループミッションは「あらゆる価値を循環させ,あらゆる人の可能性を広げる」というもので,会社設立から10年経った2023年に策定されました。グループ会社の経営理念であるカンパニーミッションの上位概念として,社会に対して果たすべき役割について明らかにしています。それらを支えているのは,「Go Bold」「All for One」「Be a Pro」という,全社共通の価値観であるバリューです。

1.3 経営理念の役割

経営理念の役割には2つあるとされています。1つは社内に対する役割,もう1つは社外に対する役割です。社内に対する役割は,経営目的ともいえ

る企業の事業や組織のあり方について，企業自らに課す長期的な役割や義務をあらわしています。経営理念によって，自分たちのビジネスがどのようなもので，自分たちはどのような組織であるべきなのか，それを実現するために将来にむけてどんな役割を担い，何に貢献していけばよいのかがわかります。経営理念は，企業が組織として重要な意思決定を行う際の基準となったり，個人のやる気を高めたり，行動指針などで具体的に示されて社員一人ひとりが行動し判断する際の基準になったりします。

　社外に対する役割は，その企業の社会的な存在意義をはじめ，ビジネスを通じて果たすべき使命や経営姿勢を，ステークホルダーや社会全体に示してアピールするという役割です。ステークホルダーから支持や共感を得ることは，その企業価値を高め，企業への投資や顧客の獲得につながる可能性を高めます。

2　経営理念の策定と浸透

2.1　経営理念の策定

　事業を起こす決断をしたならば，かなり早い段階で経営理念の作成が始まると考えてよいでしょう。事業計画書をはじめとして，さまざまな場面で起業の源となる強い思いを示す必要がでてくるからです。経営理念がしっかりしており，事業への思いが表現された事業計画書は支援者からの高い評価につながるため，強い思いを言葉で説明できるようにする，つまり見える化する必要があります。

　では，その経営理念は誰がつくるのでしょうか。経営理念を構築するのは一般的には創業者ですが，共同で事業をすすめるメンバーとともに繰り返し議論を重ね，常に変わりゆく経営環境の変化にも対応できる経営理念をつくりあげていくのがよいとされます。また，理念を策定する場合には，その企業に合ったものにする必要があります。他社の理念を参考にしてもよいです

が，自社の持つ強みや弱み，企業風土を反映した理念にカスタマイズしない
と，実際の効力は発揮されないでしょう。

　メルカリでは，会社設立10年の節目にグループミッションを策定しました。その策定には1年以上の時間をかけて，経営陣による議論のほか，全社員との意見交換の場が設けられるなど，議論が重ねられました。

　このように，創業者は共同メンバーとともにビジネスを通じて実現したいことを言語化していきます。「なぜその事業が必要なのか」「その事業を通じてどのような価値を提供したいのか」「社会や顧客，社員をはじめとするステークホルダーにどのように貢献するのか」をよく考えて，その事業がどんなに素晴らしいのか，なぜ自分たちがやらねばならないのかについて，ワクワクするような未来像を描いて言葉にしていくのがよいでしょう。

2.2　経営理念の表現方法

　経営理念は，企業がもつさまざまな考えのうち長期的で包括的な考え方を示すものです。そのため，抽象度の高い言葉，つまり，大まかにイメージを捉えられるような表現が用いられることが一般的です。抽象度が高くなるとはいえ，経営理念に使う用語は，誰が読んでも理解でき，かつ，メンバーの具体的な行動につながり，企業の経営姿勢を具体的に伝えていけるような表現であることが重要です。経営者や共同メンバーの中で共有される価値観などの暗黙知を，成文化，記号化することで形式知に変換し，何を行い，何を実現したいのか，将来のあるべき姿を表現していきます。

　経営理念の内容は，社内のメンバーにも社外のステークホルダーにも伝わるメッセージを考えるといいでしょう。たとえば，企業の経営目的や企業が担う長期的な役割・義務を含めた組織のあり方やステークホルダーに対して企業が果たしていく使命や社会的な存在意義ですが，特に利益の位置づけについてはよく考えなければなりません。企業にとって利益はなくてはならないものですが，利益追求を企業の目的とはせず，その利益の先にある実現したいことは何なのかを明確にするとよいでしょう。

また，経営理念には，世代が変わっても守り続けたい信念や，創業者の経営哲学などがあります（普遍性）。その一方で，企業の外部環境は目まぐるしく変わるため，経営理念もその時代の変化に合わせて変えていかなければならない場合があります（可変性）。このように，経営理念のうち，変えないところと変えていくところを見極める必要があるのです。

　コリンズ（Collins, J.C.）とポラス（Porras, J.I.）は，時代の流れに左右されずに変えない部分のことを，「まるで地平線の上に永遠に輝き続ける道しるべとなる星のごとく」と表現しています。今後100年間守り続けていくべきものは何なのかを考えてみるとよいでしょう（Collins & Porras［1994］）。

　メルカリが創業当時から大切にしてきた「新たな価値を生みだす世界的なマーケットプレイスを創る」という考えは，新たにグループミッションが策定された後もカンパニーミッションとして残されています。

2.3　経営理念の浸透

　これまで経営理念がいかに重要かを説明してきました。しかしながら，経営理念は，単に明文化され公表されていればよいというわけではありません。経営理念が「絵に描いた餅」にならないよう，一貫性とともに企業内部のすみずみまで共有されて，企業活動全体に浸透させていくことが重要です。社員や関係者一人ひとりが経営理念を理解し，経営理念に沿った行動をとれるように周知徹底することを，経営理念の「浸透」といいます。

　では，企業に経営理念が浸透しているとどのような影響があるのでしょうか。中小企業では，経営理念が全社的に浸透している状況に近づくほど，従業員エンゲージメントを実感する割合が高くなるという調査結果が報告されています（中小企業庁［2022］）。従業員エンゲージメントとは，メンバーの自律的な働き方の変化やモチベーションの向上のことです。また，経営理念が経営判断のよりどころとなっている割合も高い傾向にあることも示されています。

　経営理念の浸透を促進するためには，組織のメンバーそれぞれが経営理念

の意味を理解し，説明できるようになることが大切ですが，それだけでよい
わけではありません。企業のあらゆる活動の中に経営理念を反映させる必要
があります。経営戦略や経営目標はもちろんのこと，経営陣の行動やオフィ
スのレイアウト，会計システム，給与体系などの企業内のさまざまな仕組み
や制度に経営理念を浸透させるために，組織全体で長期的に取り組むことが
大事です。

　では，具体的にどのようにすればよいのでしょうか。たとえば，経営理念
についてのストーリーを語ることは効果的です。そのストーリーを，社内報
やリーフレットを作成して全社員に配布したり，朝礼の際に訓示をしたりす
ることが，多くの企業で行われています。また，全社員が手元に置いていつ
でも参照できるよう，カードを作成して携帯してもらうこともできます。ほ
かにも，社内に理念浸透のための部署や委員会を設置したり，理念に沿った
行動が業務の中でできているかどうかの項目を人事評価指標とする方法があ
ります。メンバーとの会話の中でも経営理念に触れることで啓発につなげ，
日常に経営理念が存在する状態を維持していくことが欠かせません。

　井上［2002］は，ベンチャー企業における経営理念の制定と諸要因との関
係を調査分析し，経営理念を制定しているベンチャー企業での理念浸透策の
多くは，「日常業務での教育」や「朝礼などでの訓示」といった口頭レベル
での共有にとどまっており，理念を浸透させるための十分な対応がとれてい
ないと指摘しています。経営理念を共有し，組織のすみずみまで浸透させる
ためには，どれか1つの方策を選んで実施すればよいということではなく，
自社に合う方法で，あるいは複数の方策を組み合わせて包括的に取り組んで
いくことが大切です。

3 経営戦略的意義とミッション，ビジョン，バリュー

3.1 経営理念の戦略的意義

経営理念は経営戦略の原点といわれます。その理由は企業の経営戦略の策定プロセスにあります（**図表8-2**）。企業で経営戦略を策定するときには，まず，経営理念を明確にします。この経営理念が起点となり，ドメインと呼ばれる自社の生存領域または事業範囲が決定されます。その後，環境分析や経営資源分析を行いながら経営戦略案が策定されていくのです。このように，経営理念は企業の経営戦略にも大きな影響を与えています。

企業には，ビジネスに携わる多くのステークホルダーが存在します。そのステークホルダーに，企業が大切にしている特有の価値観や，目指している将来の方向性を示して理解してもらうことは，経営理念の戦略的な側面からみても大変重要です。経営理念を具現化するような組織の制度や仕組みをつくり運用することは，企業の内外に言行一致の経営姿勢を示すことにつながります。

図表8-2 経営戦略の策定プロセス

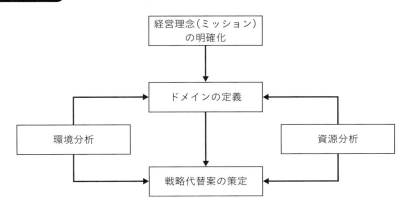

出所：井上他［2022］をもとに筆者作成。

社内に対しては，企業内の多様な個性や才能からなるチームを結束させ一体感を育んだり，経営理念に合致する要素を制度や体制に組み込んで社員のモチベーションを高めたりすることで，生産性と企業価値を高めることにつながり，企業の成長の源になります。社外に対しては，ステークホルダーからの経営理念への共感と信頼を得ることで，顧客の消費行動や採用の人材確保，社会やサプライヤーとの良好な関係構築につなげることができるのです。

3.2 経営理念と競争優位性

3.1で学んだとおり，経営理念は経営戦略の重要な要素のひとつです。とりわけ初期段階のベンチャー企業にとっては，経営理念に込められた強い思いとその思いに対する外部からの共感が事業の推進力となることが多いのです。「なぜそのビジネスをする必要があるのか」「なぜ自分たちなのか」「何が課題なのか」という問いの答えが投影された経営理念は，企業の競争優位性において最大の源泉である組織のメンバーにポジティブな影響を与えます。熱意をもって仕事に打ち込み，活力に満ちたメンバーによって世に送り出された製品やサービスは，周囲の心を動かしていくことでしょう。それがさらなる競争優位性となり，顧客や関係者への訴求力を高めていくことになります。

Forbes JAPANの「日本の起業家ランキング2023」で1位に選ばれたファストドクター株式会社は，時間外救急のソリューションプラットフォームを手掛けるベンチャー企業です。提供するサービスはステークホルダーから共感を得て存在感を高めています。日本の医療が抱える課題を解決したいという強い思いから2016年に東京都で創業しました。同社の経営理念は，「生活者の不安と，医療者の負担をなくす」をミッションとして「不要な救急車搬送を3割減らす」と「1億人のかかりつけ機能を担う」をビジョンとして掲げています。

3.3 ミッション・ビジョン・バリュー

　ベンチャー企業の経営理念の表現として多く使用されているのは，ミッション，ビジョン，バリュー（Mission, Vision, Value：MVV）でしょう。これらに加えて，近年ではパーパス（purpose）という表現も使われるようになりました。英語の purpose は「目的」と訳されることが多かったのですが，昨今ではサスティナブル（持続可能）という文脈で使われ，存在理由や存在意義という "Why" の意味が添えられることが多くなりました。

(1) ミッション

　ミッションは，企業の恒久的な使命を表します。パーパスを策定していない企業であれば，「自社が社会に対して何をして貢献していくか」という社会とのつながりや存在意義をこのミッションで示すこともあるでしょう。パーパスを策定している企業なら，パーパスでは社会とのつながりが強く意識されていたのに対し，ミッションは，パーパスのもと「自社は何をするのか」という "What" と考えるとわかりやすいでしょう。

　メルカリの経営理念では，新たに設けられたグループ共通のグループミッションと創業当時からのカンパニーミッションの2つのミッションがあげられています。

(2) ビジョン

　ビジョンは，自社はどこを目指しているのか，つまり "Where" を示しています。自社のあるべき姿，課題を解決した将来の自社はどんな姿なのか，その方向性を描きます。

(3) バリュー

　バリューとは，その企業のメンバーが共通してもつ価値観を示します。上位概念であるパーパスやミッション，ビジョンをどのように実現していくのか，組織運営のあり方を明確にすると同時に，すべての社員が理解し実行し

なくてはならない行動基準となります。"How"の部分と考えるとわかりやすいでしょう。

企業の存在理由や存在意義は，日本でも古くから経営理念の中で表現されてきましたが，パーパスへの注目は何がきっかけとなったのでしょうか。それは，コンサルタント会社や個別企業の動きもありましたが，2018年から2019年の英国学士院（British Academy）による文書や，米国ビジネス・ラウンドテーブルの声明など欧米機関からの発信が大きなきっかけと考えられています。

特に，米国投資機関であるBlackRock社のフィンク氏が投資先CEOへ宛てた手紙の中で，パーパスは「企業の基本的な存在理由（company's fundamental reason for being）」と説明され，それが企業の長期的な収益に貢献すると述べられたことは大きな影響を与えました。これらの背景には，株主資本主義と呼ばれる短期的な株主利益を追求してきたそれまでの企業姿勢に対する反省や，環境問題などの社会課題に高い関心をもつミレニアル世代やZ世代と呼ばれる世代の強い思いがあるといわれています。

経営理念の呼び方やそれらの位置付けは，企業の歴史や考え方によってさまざまです。ミッション，ビジョン，バリューにおいても企業によって名称

図表8－3　ミッション・ビジョン・バリュー

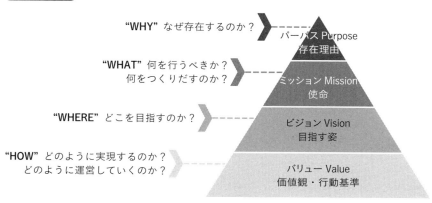

出所：筆者作成。

や捉え方，階層の順序が異なることもあります。しかしながら，組織を束ね，社会の中で企業を存続させていくための大切な考えをあらわしているということにかわりはありません。

Research

1. 自分が関心をもっている企業の経営理念を調べてみよう。
2. 自分が関心をもっている企業は，社員に経営理念の理解を深めてもらうためにどのようなことをしているか調べてみよう。
3. 自分が関心をもっている企業は，経営理念をステークホルダーと共有するためにどのようなことをしているか調べてみよう。

Debate

1. 自分が関心をもっている企業の経営理念は，どんなところに共感できるのか議論しよう。
2. あなたならビジネスを通じてなにを実現したいか，議論しよう。

参考文献

井上善海・大杉奉代・森宗一 [2022]『経営戦略入門（第2版）』中央経済社。

井上善海 [2002]『ベンチャー企業の成長と戦略』中央経済社。

奥村惠一 [1994]『現代企業を動かす経営理念』有斐閣。

柴田仁夫 [2017]『実践の場における経営理念の浸透：関連性理論と実践コミュニティによるインターナル・マーケティング・コミュニケーションの考察』創成社。

中小企業庁 [2022]「2022年版中小企業白書」日本経済新聞出版社。

村山元理 [2022]「パーパスは経営理念か：その背景とビジョンの一考察」『駒大経営研究』第53巻第3・4号，pp.97-119。

Collins, J.C. and Porras, J.I. [1994] *Built to Last*, Harper Business.（山岡洋一訳『ビジョナリー・カンパニー』日経BP出版センター，1995年）.

Forbes Japan（2022）「日本の起業家ランキング2023：2040年の新しい医療インフラへ，二人三脚で乗り越えた経済合理性の壁　ファストドクター菊池亮，水野敬志」No.101 pp.20-23。

ファストドクターウェブサイト https://fastdoctor.jp/corporate/（2024年6月14日閲覧）.

メルカリウェブサイト https://about.mercari.com/about/about-us/（2024年6月13日閲覧）.

第9章 マーケティングと販路開拓

第Ⅱ部 起業

Points

- 起業におけるマーケティングの重要性を理解します。
- 参入するターゲット市場毎の特徴や構成要素,顧客開発モデルについて学びます。
- 販路開拓の実現に向けた要点と考え方について学びます。

Key Words

マーケティング,ドメイン,4つの市場タイプ,マーケティング・ミックス,顧客開発モデル,販路開拓

1 マーケティング

1.1 起業におけるマーケティング

　マーケティングは,起業において重要な活動です。新たな価値を生み出す製品・サービスを開発しても,顧客に認知してもらい購入してもらえなければ,企業としての存続が望めないからです。新たな価値を生み出す製品・サービスを開発してもマーケティング活動ができていないために,顧客に認知,購入してもらうことなく廃業していく企業は多く存在します。中小企業庁［2016］の調査によれば,起業5年後の生存率は81.7%で,5社に1社が廃業していることがわかります(**図表9-1**)。

　マーケティングは,広告・宣伝などの販売促進活動と捉えられることが多く,起業家は,起業に至る思いを実現するため,新製品・サービスの開発に注力し,マーケティングを重視しない傾向があります。

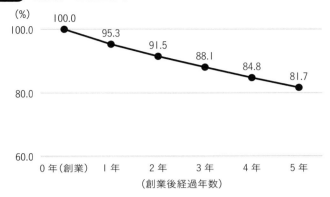

図表9−1 起業後の企業生存率

出所：中小企業庁［2016］をもとに筆者作成。

　新たな市場・顧客をターゲットとする起業において，どの市場のどの顧客に何を売るのか，十分な検証を行う必要があります。また，新市場に投入する製品・サービスは，顧客のニーズを的確に捉えた，顧客の問題解決（価値）に適うものを作る必要があります。顧客は製品・サービスの「価値」を購入しているのであって，技術や性能を購入しているわけではないのです。ターゲット市場の顧客が問題解決を必要とする製品・サービスを創造し，市場に認知してもらい顧客に購入してもらう活動がマーケティングです。起業における失敗理由の調査結果の上位に「マーケットニーズがない」ことが挙げられていることからもマーケティングの重要性がわかります[1]（**図表9−2**）。

　マーケティングについて，American Marketing Association［2017］は，「顧客，クライアント，パートナー，そして社会全体にとって価値あるものを創造し，伝え，提供し，交換するための活動，一連の制度，そしてプロセスのことである。」と定義し，コトラー（Kotler, P.）とケラー（Keller, K.L.）は，「ターゲット市場を選択し，優れた顧客価値を創造し，提供し，伝達することによって，顧客を獲得し，維持し，育てていく技術および科学」と定義しています。マーケティングは，顧客を獲得するだけではなく，価値ある製品・サービスを創出するために必要となります（Kotler & Keller［2007］）。

　起業において必要となるマーケティングの概念は，ドメインとターゲット

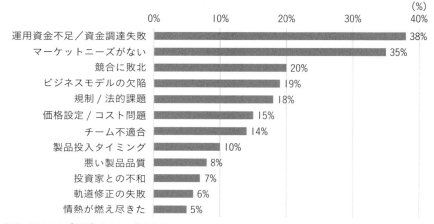

図表9−2 スタートアップの失敗理由

出所：CB Insigts［2021］をもとに筆者作成。

の絞り込み（参入市場，ターゲット顧客），マーケティング・ミックスによる実現です。

ドメインは，起業の事業展開の方向性を示します。顧客に提供する製品・サービスと市場の組み合わせであり，短期から中長期までを幅広く設定します。

起業においては，自社の製品・サービスが最も有効に機能する市場が特定され，その市場におけるターゲット顧客の絞り込みを行い，ターゲット顧客が価値を感じる商品の探索を行います。ドメインの市場・顧客軸を，より具体的かつ短期的な視点で捉え直したのがターゲット顧客です。

ターゲット顧客とは，企業が今後，生存を実現するための場であり，企業が提供する製品・サービスに価値を見いだし，それを消費する存在です。企業はターゲット顧客に対して製品・サービスを提供し，顧客満足を獲得し，その対価として利益を得て，その利益を運用しながら製品・サービスと販売力の強化を実現する必要があります。

1.2 ドメイン

ドメイン（domain）は，経営理念とビジョンを基盤として定義され，「自

図表9－3 ドメイン定義

物理的定義	機能的定義
鉄道	輸送
化粧品	美容
ゲーム	娯楽

出所：筆者作成。

社の事業とは何か」であり，生存領域や事業範囲といった戦略空間を決定することです（井上他［2022］）。ドメインは，製品・サービスにもとづいて定義される物理的定義と市場の基本的ニーズに関連させて定義する機能的定義があります。レビット（Levitt）は，製品にもとづいてなされる物理的定義は近視眼的となり，事業の将来の成長の方向性を見誤ることから，機能的定義が望ましいとしました（井上他［2022］）。たとえば，製品・サービスに関連させた「鉄道」は，市場ニーズに関連させて「輸送」とし，化粧品を提供するのであれば，顧客に対して提供できる便益として「美容」と定義することで，化粧品のみならず健康分野全般に事業を拡大することが可能となります（**図表9－3**）。

1.3 市場分析・顧客分析

起業においては，自社の製品・サービスが最も有効に機能する市場が特定され，その市場におけるターゲット顧客の絞り込みを行い，その上でターゲット顧客が価値を感じる製品・サービスの探索を行う必要があります。ある市場のすべてを対象とするのではなく，市場を細分化し自社が有利な市場において事業化することを考えます。

市場をいくつかのセグメントに分けて，自社が有利なセグメントを選択し，選択した特定のセグメント（ターゲット）に対して，自社のポジションを明確にします。自社のポジションは，市場（特定セグメント）における製品・サービスの位置付けの明確化であり，このセグメント（Segmentation），タ

図表9－4 4つの市場タイプの特徴

	既存市場	再セグメント化市場		新規市場
		低コスト	ニッチ	
顧客	既存	既存		新規／新用途
顧客ニーズ	性能	コスト	顕在化したニーズ	簡易さ／便利さ
性能	より良く／より早く	低価格層には十分	新規のニッチユーザーには十分	「従来視点」からみると低性能だが，顧客の新基準では改善
競合	既存プレイヤー	既存プレイヤー		他のスタートアップ
リスク	既存プレイヤー	既存プレイヤー	ニッチ戦略の失敗	市場への普及／顧客が受け入れない

出所：Blank［2013］をもとに筆者作成。

ーゲティング（Targeting），ポジショニング（Positioning）を略してSTPと呼び，ターゲットの絞り込みと自社の立ち位置を決めるのです。

1.3.1 4つの市場タイプ

参入するターゲット市場の特徴についてブランク（Blank, S.G.）は，起業家が参入する市場には4つのタイプがあるとし，起業における破綻は，起業家のエネルギーや努力，あるいは情熱の欠如ではなく，4つの市場タイプについて，それぞれの成功要因が異なることを理解していないことに一因があると述べています（**図表9－4**）。

(1) 既存市場に参入する

既存市場において，自社の製品が既存の製品・サービスに対して優れた性能を提供できる場合は，既存市場への参入を考えます。

優れた性能とは，既に市場に提供されている製品・サービスに対して速度や便益が改善されていることです。この市場における顧客や競合は既知であるため，競争の本質は，製品・サービスの機能（便益）となります。

(2) まったく新しい市場を創造する

新しい市場を創造するとは，新製品・サービスを新市場に投入することです。これまでに存在しない新製品・サービスを提供することで，新たな顧客を創造することが可能であれば新市場への参入を考えます。

新市場は，顧客と市場が確立されていないため，新市場を創造するためには，何かができていない（便益が得られていない）顧客層が存在するか，その顧客に新製品・サービスが必要もしくは欲しいと思わせ，受け入れてくれるか検証する必要があります。

(3) 既存市場を再セグメント化（低コスト）

既存市場において，低コストによる再セグメント化を行い，低コストで製品・サービスを提供できるのであれば再セグメント化（低コスト）市場への参入を考えます。低価格商品であれば必要最低限な性能であっても購入する顧客が存在することを検証する必要があります。

(4) 既存市場を再セグメント化（ニッチ）

既存市場において，特定のニーズによる再セグメント化を行い，特定のニーズに対応した製品・サービスが提供できる（ニッチ・プレイヤー）のであれば，再セグメント化（ニッチ）市場への参入を考えます。特定のニーズに対応した製品・サービスを，価格が高くても，もしくはある面で性能が悪くても購入する顧客が存在することを検証する必要があります。

1.3.2 マーケティング・ミックス

参入市場において，顧客から望ましい反応を引き出し，製品・サービスを購入してもらうためのマーケティング戦略が必要となります。マーケティング戦略は，製品（Product），価格（Price），流通チャネル（Place），販売促進（Promotion）で構成され，頭文字をとって4Pと呼ばれています。

マーケティング・ミックスとは，4Pを組み合わせることによって顧客との良好な関係を築き，顧客に製品・サービスを選択してもらう環境を構築す

図表9-5 ベンチャー企業の4P

4P	特徴
製品(Product)	独創性，新規性，組み合わせによる独創性と新規性，特定セグメントによる独自性と新規性の実現。
価格（Price）	非価格競争を志向。 トータルコストで優位に立つ価格設定。 サブスクリプションサービスを検討。
流通チャネル（Place）	可能な限り短いチャネルを採用。信用力に頼らないチャネル構築。インターネットの活用。
販売促進（Promotion）	ターゲットに重点をおき，コストレス，口コミプロモーションの実現。パブリシティやインターネットを活用した広範囲プロモーションの実施。

出所：関西ベンチャー学会［2005］をもとに筆者作成。

るマーケティング活動のことです。

総務省［2008］は，事業化において，起業家の理解不足や誤解，混乱が頻繁に見られるとし，以下の3点を指摘しています。

- 技術への過信，一人よがり，自社技術への自己満足，過度のプライド
- 技術開発には大変熱心だが，顧客がそれを本当に求めているのか，買ってくれるのかに関して勝手な思い込み
- 本音では「こんな優れた技術を理解しない人たちが悪い」「市場がいつかわかってくれる」と思う

これらの指摘は，マーケティング活動による顧客価値を創造することなく，製品・サービスを開発してしまう起業家が多いことを示唆しています。

関西ベンチャー学会［2005］は，ベンチャー企業における4Pは，既存の企業のマーケティング活動とは異なるべきとし，それぞれの特徴を提示しています（**図表9-5**）。

(1) 製品（Product）

起業において，顧客の価値を創造する製品・サービスをいかに開発するかが，起業後の存続を決定します。起業前にターゲット顧客のニーズを徹底的に調査・把握し，市場の確認と検証を十分に行った上で製品・サービスを開

発する必要があります。参入する市場のターゲット顧客の価値を創造する製品・サービスとして，独創性，新規性，組み合わせによる独創性と新規性，特定セグメントによる独自性と新規性の実現が挙げられます。顧客の価値を創造するプロセスについては，「2 顧客開発モデル」で説明します。

(2) 価格（Price）

　市場への参入方法によって価格設定が異なります。起業時は，既存企業と比較し固定費を低く抑えることが可能なため，販売価格を低く設定しても事業が成り立ちます。また，サブスクリプション（subscription）[2] サービスを導入することで，価格を低く設定することも有効です。サブスクリプションは，いつでも好きなタイミングで解約できることから，初期導入における心理的ハードルが低いとされています。初期導入費用を抑えることで，製品・サービスに対する顧客利用を促し，顧客の獲得と継続的な利用による安定した売上確保が可能となります。

(3) 流通チャネル（Place）

　起業における最大の課題は，流通チャネルの構築です。流通チャネルとは，製品・サービスが顧客に渡るまでの道筋であり，どこで売るのか，どのように顧客に届けるのかを検討することです。起業においては，新規に流通チャネルを構築する必要があります。既存の企業と同様の流通チャネルを利用することは難しく，起業直後は，支払い能力や信用力においてリスクが高いと判断され，既存の流通チャネル業者との契約は難しいためです。現代のようにインターネットを活用したEC[3] の進化，浸透が急速に進んでいる現状において，インターネットを活用した顧客ダイレクト販売が有効となります。インターネットの販路開拓については，「3 販路開拓」で説明します。

(4) 販売促進（Promotion）

　市場に投入する製品・サービスをターゲット顧客に知ってもらうことを最優先に，販売促進活動を行います。ターゲット顧客にダイレクトに販売促進

活動を行うことで，ターゲット顧客のニーズを確認することも可能となり，確認結果を製品・サービスの改良に活用できます。ターゲット顧客に製品・サービスを認知してもらい，ターゲット顧客から口コミで拡販してもらうことも有効な手段です。現代においてはインターネットを活用し，自社のホームページ上に製品・サービスをアピールすることも可能ですが，自社のホームページにターゲット顧客を誘引するための方策を考える必要があります。誘引方法としては，SNSや閲覧者が多いサイトに掲示してもらうことが有効な施策となります。ただし，SNSや閲覧者が多いサイトに掲示するためには，高額なコストが発生することに注意が必要です。インターネットによる販売促進については，「3 販路開拓」で説明します。

2 顧客開発モデル

　起業において，顧客の価値を創造する製品・サービスをいかに開発するかが，起業後の生存を決定します。顧客に買ってもらえない製品・サービスを作ってしまうリスクを回避するためには，可能な限り早く顧客の便益に適う製品・サービスを探索し評価しながら作成することが有効です。ブランクは，従来の企業が行う製品・サービス開発プロセスを「製品開発モデル」と呼び，起業において，このプロセスに固執し，製品開発から営業，マーケティングに至るまで実施した結果，最終的に失敗するとし，起業における新たな製品・サービス開発プロセスとして「顧客開発モデル」を提唱しています（Blank[2013]）。

2.1 製品開発モデル

　従来からの製品・サービス開発プロセスである製品開発モデル（**図表9－6**）は，顧客がはっきりしている既存市場に新製品を投入する場合に有効なモデルです。しかし，起業する場合，対象とする市場の多くは既存市場を対

図表9－6 製品開発モデル

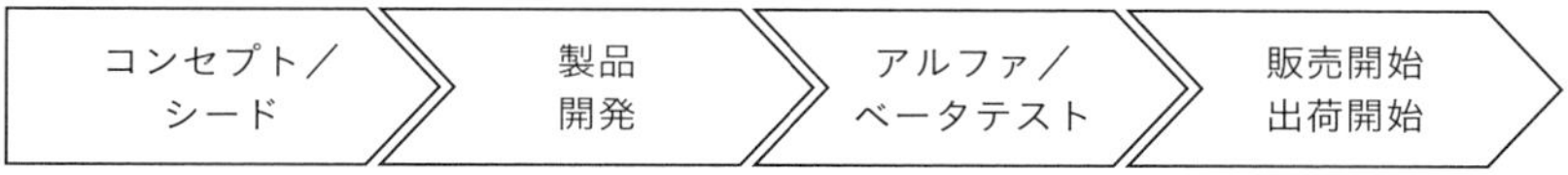

コンセプト／
シード
製品
開発
アルファ／
ベータテスト
販売開始
出荷開始

出所：Blank［2013］をもとに筆者作成。

象とせず，自社の市場がどこにあるかさえわかっていないため，ある程度完成させた製品･サービスの開発を行った後に,顧客の評価を得るのではなく,顧客やニーズ，市場を確認・開拓することを優先しなければなりません。多額のコストを費やして作成した製品・サービスを，顧客が買わなければ事業は成り立たないからです。起業する場合，顧客を見つけ，市場を開発し，ビジネスモデルの確証を得ることが優先課題なのです。

2.2 顧客開発モデル

顧客開発モデル（**図表9－7**）は,「顧客発見」「顧客実証」「顧客開拓」「組織構築」の4ステップで構成され，市場と顧客の開拓，ビジネスモデルの確証を優先（探索）し，何度かの失敗を経験しながら，ステップを繰り返すことで顧客開発を実現するプロセス構造となっています。

図表9－7 顧客開発モデル

顧客発見
顧客実証
顧客開拓
組織構築
ピボット
探索
実行

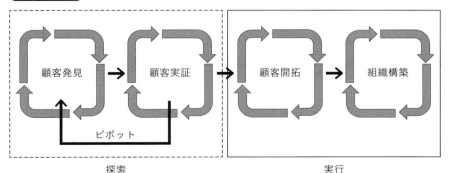

出所：Blank［2013］をもとに筆者作成。

2.2.1 ステップ1：顧客発見

　自社のビジネスモデルの妥当性，特に製品が顧客の課題とニーズを解決するかどうかの検証に集中します。自社のビジネスプランで想定する顧客の課題，課題解決を可能とする製品・サービス，およびターゲット顧客に関する仮説を明らかにするためのステップとなります。

2.2.2 ステップ2：顧客実証

　製品・サービス，およびターゲット顧客が仮説の通りに存在するのか，製品・サービスが初期導入顧客において，どの程度評価されているのかを実証し，仮説検証の結果として顧客と市場を発見することが目標となります。検証結果が仮説通りでない場合は，ピボット（軌道修正）し，ステップ1に戻って，仮説の再構築，再検証を行う必要があります。

　この段階で提供される製品は，プロトタイプ（実用最小限の製品（minimum viable product））にとどめ，できるだけ早く提供する必要があります。実用最小限であるため，完成品としての必須機能さえも必要がない場合もあります。作成したプロトタイプを見込み顧客に見せて，反応や製品・サービスの価値を見極めることが重要となります。見込み顧客の探索は，平均的な購買層を探索するのではなく，アーリーアダプター（early adopter）を探索することとなります。アーリーアダプターは，新製品・サービスへの関心が高く，品質に寛容であり，未完成品に強く惹かれるからです。アーリーアダプターに協力を仰ぎながら評価・改善を繰り返すことで品質も改善されていきます。

2.2.3 ステップ3：顧客開拓

　ステップ2において，市場と顧客の発見，仮説検証を終え，具体的な実行段階である，顧客の需要の創出，需要を高める販売促進活動を行います。顧客開拓は3つの市場タイプごとの顧客開拓構成要素を前提に推進します（**図表9-8**）。

　既存市場の場合は，市場における差別化と信頼性を高める活動によって，

図表9-8 起業における市場タイプ別顧客開拓構成要素

市場タイプ	企業ポジショニング	製品ポジショニング	企業の市場参入	製品の市場参入	初年度目標
既存市場	差別化と信頼性	製品の差別化	信頼性と実行	既存の競争基軸	市場シェア
新規市場	新市場に対するビジョンと革新性	市場，需要，ソリューションを新たに定義	信頼性と革新性	市場教育，標準化，アーリーアダプター	市場への浸透
再セグメント市場	セグメンテーションと革新性	市場再定義と差別化	市場再定義，実行と革新性	新たな競争基軸	市場シェア

出所：Blank［2013］をもとに筆者作成。

需要を開拓し，自社の販売チャネルに顧客を誘導する活動を行います。新規市場の場合は，新たな市場において需要・課題解決を創出し，顧客教育を行いながら，自社の販売チャネルに顧客を誘導する活動を行います。再セグメント市場の場合は，市場再定義と差別化活動によって新たな競争基軸を創造し，新たな市場定義による需要開拓から，自社の販売チャネルに顧客を誘導する活動を行います。

2.2.4 ステップ4：組織構築

メインストリーム市場へ普及するために必要となる体制（組織）を準備，構築します。顧客が，アーリーアダプターメインの市場からメインストリーム市場の顧客市場に遷移することにより，会社組織，管理体制，販売促進活動の基盤を整備します。また，市場基盤が脆弱なため，ビジネス環境の変化に備えて即応性の高い組織を構築する必要があります。即応性の高い組織とは，顧客・市場・競合の変化に対して情報収集，分析し各部門がリアルタイムに反応できるように意思決定権限を分散させることで実現します。すべての課題を起業家の判断に委ねていては，判断が遅れ環境変化に即応できません。

3 販路開拓

3.1 起業後の課題

日本政策金融公庫総合研究所［2022］が，起業家に対して行なった調査によれば，起業時において苦労したことは，「資金繰り・資金調達」が57.6%と最も多く，次いで「顧客・販路の開拓」（44.8%），「財務・税務・法務に関する知識の不足」（38.4%）でした。起業後，調査時点で苦労していることは，「顧客・販路の開拓」（47.9%）が最も多く，次いで「資金繰り・資金調達」（34.6%），「財務・税務・法務に関する知識の不足」（33.0%）です。起業家にとって，起業時には資金繰りや資金調達が課題となっていますが，起業後に解消へと向かう傾向が現れています。顧客・販路開拓については，起業後においても継続的に課題となっていることがわかります（**図表9-9**）。

顧客・販路開拓は，世の中に製品・サービスを認知させ，企業の存続・成長に欠かせない製品・サービスを購買してもらう顧客獲得において，重要な活動となります。

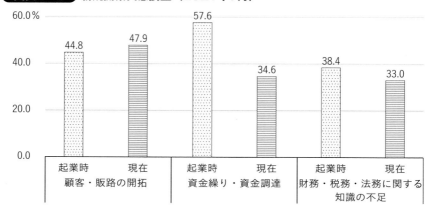

図表9-9　新規開業実態調査（2021年7月）

出所：日本政策金融公庫総合研究所［2022］をもとに筆者作成。

3.2 ビジネスモデルによる違い

　顧客・販路開拓はターゲット顧客が「消費者」の場合と「企業」の場合で大きく分けられます。前者のビジネスはB to C（Business to Consumer）ビジネスであり，直接，一般消費者を対象としたビジネスモデルです。後者はB to B（Business to Business）ビジネスで，企業を相手にした製品・サービスを提供するビジネスモデルです。

　B to Cビジネスは，ターゲット顧客が利用しているSNSを活用した広告・宣伝が有効であり，B to Bビジネスの販路開拓は，企業向けの広告・宣伝や人脈作りが有効です。

　従来からの販路開拓として，自社の営業部員による営業，コールセンターへの委託，DM（ダイレクトメール）の活用，折り込みチラシ，新聞・雑誌等のマスメディアを利用した広報活動，販売代理店や広告代理店を活用する方法があります。現代においては，誰もが利用しているインターネットを利用した販路開拓が主流となっているため，Webサイトやネットショップ，SNS（Social Networking Service）を通じた販路開拓が有効となります。

　B to Cビジネスの販路開拓としては，Webサイト，ネット通販サイト，ネット広告，SNS利用者への広告・宣伝が有効な施策です。一方，BtoBビジネスの販路開拓としては，Webサイト，展示会への出展（特定イベントの場合，課題を持った実務家が来場），人脈を作るイベントへの参加が有効な施策となります。

3.3 販路開拓の手法

3.1.1 Webサイトの作成

　Webサイトの作成は，ターゲット顧客に会社や製品・サービスを認知してもらい，信用の確保をおこなう上で必須となります。Webサイトは，自ら作成することも可能ですが，制作会社に依頼することや，クラウドソーシ

ングサービスを利用して個人に依頼することもできます。Web サイトを自社のサーバ上に構築することもできますが，早急な Web サイト構築とコスト軽減を考慮した場合，無料レンタルサーバーを利用したプログラミング不要ツールを提供するサービスの利用も検討します。Google や Yahoo! といった検索エンジンで上位に表示されるようにするための対策（SEO 対策）も必要ですが，専門的な知識と技術が必要なので，起業後に考えること（もしくは専門業者に依頼）とし，起業時点では，まずは Web サイトが立ちあがっていることが重要です。

3.1.2 ネット通販サイト

製品・サービスを顧客に購買してもらうために必要となるのが，ネット通販のサイト（EC サイト）です。自ら通販サイトを開発し立ち上げることも可能ですが，開発コストと維持管理コストが必要となるため，EC モール（楽天，Amazon，Yahoo! ショッピング等）への出店や，EC プラットフォーム（BASE, STORES, shop by, Shopify 等）を活用したサイト開設が，自社サイト開発に比べると運用コストの面でも有利となります。集客力を一番に考えた場合，EC モールへの出店が魅力的ですが，維持費や手数料が高いモールもあるため，集客や売上とのコストバランスを考えて選択する必要があります。

EC プラットフォームは，容易に EC サイトを開設できる機能や，決済機能など豊富な機能が揃っており，月額利用料が無料で販売時のみ手数料が発生するサービスを提供している企業もあります。

3.1.3 SNS の活用

ICT 総研［2022］によれば，日本国内の SNS の利用者は，8,270 万人（普及率 82%）となり，今後も拡大していくと考えられています。また，日本国内に限らず世界においても多くのユーザーが利用している SNS を活用することは，今後のグローバル化に向けてターゲット顧客の創出にも有効です。

SNS を使用した販路開拓は，自らの SNS アカウントを利用したものと，

広告費用をかけて集客する方法があります。SNS を利用する場合は，SNS 毎の利用者の特徴と，ターゲット顧客がマッチしていることが重要となります。X（旧 Twitter）や Instagram は，利用年齢層が低く，Facebook（Meta）や LinkedIn はビジネスマンの利用が多い特徴があります。日本国内を対象とするのであれば LINE や YouTube を利用し，自ら製品・サービスを紹介するコメント欄を SNS として利用するケースも考えられます。

3.1.4 ネット広告

ネット広告は，SNS や検索サイトに広告を掲示させる方法です。検索サイト（Google, Yahoo! 等）に広告を掲示する場合は，バナー広告やアフィリエイト広告が検討されます。有償サービスとなるため，費用対効果を十分に検証した上で，実施有無を判断する必要があります。また，単純なコメント広告とするのか，動画広告とするのかも検討し，顧客に訴求するようなコンテンツを作成する必要があります。

3.1.5 展示会への出展

展示会への出展は，展示会のテーマに関連した課題を持つ実務家が来場するため，製品・サービスの認知度向上と，顧客との人脈作りに有効な施策となります。展示会は，来場者とのコミュニケーションをとることができる貴重な場として，また，競合他社が出展している場合は，競合の動向や最新動向を知る機会として有効です。出展費用がかかるため，ターゲット顧客が来場すると考えられるイベントを選択し，出展する必要があります。

3.1.6 人脈を作る

同業者との情報交換や意見交換など，起業する上での重要な情報交換を可能とする人脈作りは重要な施策となります。

人脈作りの方法としては，自治体や地域の商工会議所，業界団体が開催するイベントに参加する方法がありますが，ビジネス交流会への参加や，自らブログを運営することによって情報発信し，人脈を形成すること，SNS を

活用した人脈作りも有効な手段となります。

《注》
1) 米国の CB Insights（市場情報提供会社）が 2018 年以降失敗したスタートアップ企業の 111 件の事業報告を分析した結果。
2) サブスクリプション（subscription）とは，定期購読，定期購入のことで一定の価格を月額制で支払うことでサービスを利用可能とする。
3) EC：electronic commerce の略　電子商取引，e コマース，ネットショッピングとも呼ばれ，インターネットを利用した商取引のこと。

Research

1. ベンチャーから成功した企業を取り上げ，新たに生まれた製品・サービスを調べてみよう。

2. 1.で取り上げたベンチャー企業がどのようなマーケティング活動を行ったのか調べてみよう。

3. ネット通販サイトや，EC プラットフォームを提供する企業を取り上げ，どのようなサービスを提供しているか調べてみよう。

Debate

1. 自ら考案した新製品・サービスの顧客価値を創造するため，顧客開発モデルの活用による 4 ステップについて議論してみよう。

2. 自ら考案した新製品・サービスの販路開拓に向けて，必要となる施策を議論してみよう。

参考文献

井上善海・大杉奉代・森宗一［2022］『経営戦略入門（第 2 版）』中央経済社

恩蔵直人［2019］『マーケティング（第 2 版）』日本経済出版社。

関西ベンチャー学会［2005］『ベンチャー・ハンドブック：ビジョン・パッション・ミッション』ミネルヴァ書房。

中小企業庁［2016］『2016 年版中小企業白書』日経印刷株式会社。

日本政策金融公庫総合研究所［2022］『2022 年版新規開業白書』佐伯コミュニケーションズ。

Blank, S. G.［2013］*The four Steps to the Epiphany : Successful Strategies for Products That Win*, K & S Ranch（堤孝志・渡邊哲訳『アントレプレナーの教科書［新装版］』翔泳社，2016 年）.

Levitt, T.［1962］*Innovation in Marketing*, McGraw-Hill（土岐坤訳『新版 マーケティングの

革新：未来戦略の新視点』ダイヤモンド社，2006年）.

Kotler, P & Keller, K.L. ［2007］ *A Framework for Marketing Management, 3rd Edition,* Prentice-Hall（恩蔵直人監修・月谷真紀訳『コトラー & ケラーのマーケティング・マネジメント基本編（第3版）』丸善出版，2014年）.

総務省［2008］「事業計画作成とベンチャー経営の手引き」

https://www.soumu.go.jp/main_content/000170365.pdf

（2023年1月10日閲覧）.

American Marketing Association ［2017］ *Definitions of Marketing*

https://www.ama.org/the-definition-of-marketing-what-is-marketing/（2023年1月10日閲覧）.

CB Insights ［2021］ *The Top 12 Reasons Startups Fail*

https://www.cbinsights.com/research/report/startup-failure-reasons-top/（2023年1月29日閲覧）.

ICT総研［2022］「2022年度 SNS 利用動向に関する調査」

https://ictr.co.jp/report/20220517-2.html/（2023年1月10日閲覧）.

第Ⅱ部 起業

第10章 人材と組織

Points

● スタートアップ企業には，どのような人材が必要なのか，その役割に着目して，事業成長するための人材育成を学びます。
● 社内の人材だけでなく，社外の人材ネットワークが重要な理由を学びます。
● 一人で事業を始めた場合でも，組織の考え方やリーダーシップが重要な理由を学びます。

Key Words

ステークホルダー，人材育成，チームビルディング，モチベーション，
リーダーシップ，M&A

1 創業期の組織

1.1 創業メンバー

　事業を始めるときには，独りで始める場合と複数メンバーで始める場合があります。独りで創業すると，コンフリクトがなく，機動力に優れ，スモールスタートしやすい面がある一方で，自分の実力以上のことはできず，相談相手がいない孤独な環境に陥りがちです。複数のメンバーで創業する場合は，異なる複数の能力を合わせ，お互いの足りない部分を補い合うことで，独りで創業するよりも相対的に高成長志向型とされます。その反面，当初は同じ目標に向かって力を合わせることができたメンバー同士でも，成長の過程で意見の対立が生まれ，それをきっかけに分裂してしまうこともあります。報酬や株の分配に関しても，あらかじめ納得できる決め方をしておかない

と，後で揉める原因にもなります。

　創業時だけでなく，成長過程のどのステージにおいても経営理念の共有，相互の信頼性は事業を成功に導く大切な要素になります。異質性と同質性のジレンマと向き合いながら，組織文化を醸成していきます。

　米起業家動向調査によると，ベンチャー企業の半数は独りで創業されています。複数メンバーで創業する場合でも，多くは夫婦や親族であり［Shane, 2008］，その半数以上が配偶者と事業を始めており，親族以外の者が創業メンバーとなるのは 10%以下となっています［忽那，2013］。

　アマゾンはジェフ・ベゾスが主導し創業しましたが，マイクロソフトのビル・ゲイツとポール・アレンは大学で知り合った仲間と創業しています。ソフトバンクは孫正義が創業，楽天は三木谷浩史主導のもと 6 人の創業メンバーで創業されました。ソニーの井深大と盛田昭夫，パナソニックの松下幸之助と高橋荒太郎，サイボウズの青野慶久，高須賀宣，畑慎也は複数メンバーでの共同創業です。

　誰と創業するのか，創業メンバーに株や報酬をどのように配分するのか，創業メンバーはどのように探したらよいのか，業界や将来のことも考えた上で，どのような創業が向いているのか判断するとよいでしょう。

1.2　事業パートナー

　共同創業者や取締役，社員といった社内の人材だけがパートナーというわけではありません。特にスタートアップ期は社外の人材との関係性も非常に重要です。ベンチャーキャピタル，エンジェル投資家といった資金の提供者は，直接的な事業パートナーといえるでしょう。会計士や税理士，中小企業診断士といった専門家は，特にスタートアップ期には，アドバイザーとして有益なノウハウを提供してくれたり，事業パートナーとしてよき相談相手となるでしょう。

　たとえ革新的なアイデアとチャンス，タイミングが揃ったとして，事業パートナーといった人的リソース，さらには資金提供など経済的リソースがあ

ってはじめて事業が成功するといえます。

　ドイツのスタートアップ企業であるビオンテック社は，mRNA の技術をファイザー社に提供し，世界的大手企業のファイザー社は，臨床試験，薬事申請，製造工場，運搬技術等のノウハウを提供することで，新型コロナワクチン開発に取り組みました。このオープンイノベーションにより新型コロナワクチン開発を早期に実現させ，世界規模で未知のウイルスと闘う人類を救ったのです。

1.3　ステークホルダー（利害関係者）

　企業には，社員だけではなく，顧客や取引先，業務委託先，株主，投資家といったステークホルダー（利害関係者）の存在があります。昨今では地域社会を含め，ステークホルダーとの関係性や対話について経営理念に明記する企業も増えています。スタートアップ企業にとって，このステークホルダーの存在は，社外との連携や企業間競争，イノベーションの観点で非常に重要といえます。

　企業にとって，どのステークホルダーを重要と位置付け，どのような経営行動をとるかは，経営理念や経営戦略と直結します。多くの企業は顧客を大切にすることを重要視しますが，それだけではなく，社員を大切にする，地域を大切にすることも忘れてはいけません。また，欧米型企業は株主や投資家を重視する傾向にあり，日本型企業は顧客や社員を重視する傾向にあるといわれることもあります。

　現在では世界的に知名度のあるファーストリテイリングも，創業時は地方を拠点とする中小企業でした。地域密着のアパレル企業からファストファッション業界を牽引するトップグループへと大きく成長する過程で，ステークホルダーとどのように向き合ってきたのでしょうか。グローバル企業となった現在は，各方面のステークホルダーとの対話を通して，社会課題の解決や新たな価値創造に取り組んでいます。2018 年 10 月には，世界共通のサステナビリティ課題の解決に向けた国際的な取り組み「国連グローバル・コンパ

図表10-1 各社のステークホルダー例

ファースト リテイリング	「お客様」 「従業員」 「取引先」 「株主・投資家」 「グローバル・地域コミュニティ」 「NPO・NGO，有識者」 「将来世代・若者」 「業界イニシアティブ」 「一般社会（一般消費者，メディア）」 https://www.fastretailing.com/jp/sustainability/vision/stakeholders.html
ヤマト ホールディングス	「お客さま」 「従業員」 「地域社会・国際社会」 「パートナー・取引先」 「株主・投資家」 https://www.yamato-hd.co.jp/csr/engagement.html
サントリー	「お客様」 「ビジネスパートナー」 「従業員」 「地域社会」 「地球環境」 https://www.suntory.co.jp/company/csr/data/report/2017/pdf/suntory_csr_03.pdf

出所：各社 Web ページをもとに筆者作成。

クト（UNGC）」に署名しています（**図表10-1**）。

2 | 人材育成

2.1 チームビルディング

　創業まもない企業の場合は，特に「人」が大切です。創業メンバーがどのような理念やビジョンで事業を運営していくのか，その理念やビジョンに共感できる人が集まります。

創業当初は，多くの人を雇いたいものの，大企業のようにたくさんの人件費をかけることができません。報酬でもって優秀な人を集めるには限界があり，仕事のやりがいや働き方，創業メンバーの熱意や魅力により，限られたお金の中で働いてもらうことになります。どんな人材が何人必要か，成長過程によってはどのタイミングで必要か，どのように採用したい人材を集めたらよいか，採用基準はどうするか，と募集や採用に留まらず，どんな人材に育てたいのか，誰がどうやって育てるのか，といった先を考えた人材計画が重要になります。近い将来海外と取引をすることを想定し，グローバル人材を採用・育成する，あるいは経営を担う人材に育てられれば，事業をさらなる成長へと導く可能性が広がります。

法人化する場合（ここでは株式会社を前提とします），取締役会を設置しますが，創業メンバーだけで取締役会を構成する場合と，他の社員や事業パートナーあるいは外部の投資家を構成員とする場合があります。理念や目標が一致し，阿吽の呼吸でコミュニケーションがとれるメンバーのみで構成されると一見上手くいくと思われがちですが，IPO（株式公開）を目指すなどの目標が明確な場合は，外部の専門家がチームに加わることで，コーポレートガバナンス（企業統治）の構築や強化につながります。先輩アントレプレナーやエンジェル投資家，ベンチャーキャピタル等のメンバーで構成するアドバイザリーボードを設置することもできます。

経営に必要な役割として，一般には最高経営責任者（CEO：Chief Executive Officer），最高執行責任者（COO：Chief Operating Officer），最高財務責任者（CFO：Chief Financial Officer），最高技術責任者（CTO：Chief Technology Officer）が必要です（**図表 10-2**）。このほかにも最高情報責任者（CIO：Chief Information Officer），最高個人情報保護責任者（CPO：Chief Privacy Officer），最高顧客市場分析調査責任者（CMO：Chief Marketing Officer），最高ナレッジ活用責任者（CKO：Chief Knowledge Officer）といった役割も重要になってきました。これらの役割には専門能力も必要であり，すべてが創業メンバーとは限りません。組織化する中で，時には外部の人材も登用しながら，経営チームを作っていく必要があります。

図表10−2 経営チームの構成例

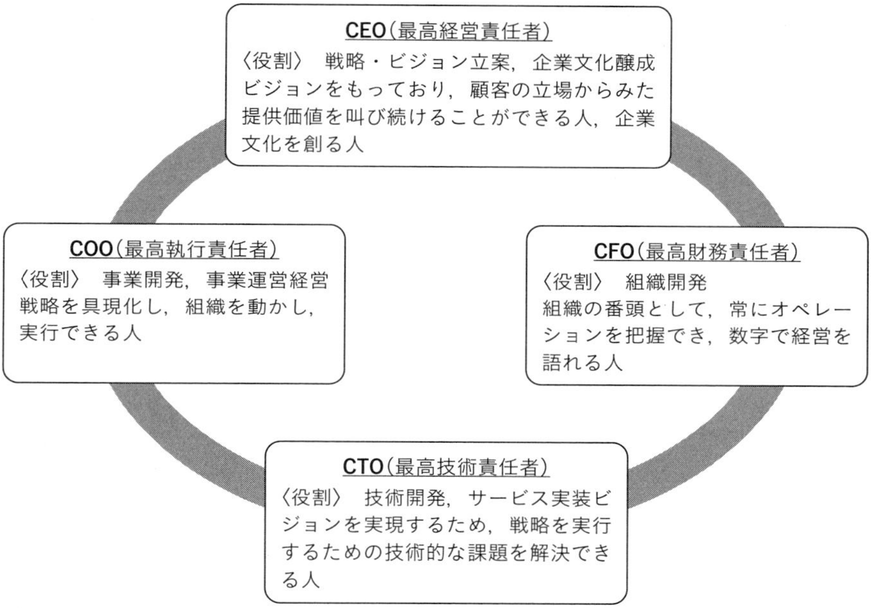

CEO（最高経営責任者）
〈役割〉 戦略・ビジョン立案，企業文化醸成
ビジョンをもっており，顧客の立場からみた
提供価値を叫び続けることができる人，企業
文化を創る人

COO（最高執行責任者）
〈役割〉 事業開発，事業運営経営
戦略を具現化し，組織を動かし，
実行できる人

CFO（最高財務責任者）
〈役割〉 組織開発
組織の番頭として，常にオペレー
ションを把握でき，数字で経営を
語れる人

CTO（最高技術責任者）
〈役割〉 技術開発，サービス実装ビ
ジョンを実現するため，戦略を実行
するための技術的な課題を解決でき
る人

出所：総務省［2010］をもとに筆者作成。

2.2 モチベーション

やる気や意欲を高め行動に駆り立てることをモチベーションといいます。田尾雅夫は，「何か目標とするものがあって，それに向けて，行動を立ち上げ，方向づけ，支える力」をモチベーションとしました（田尾［1998］）。企業活動において，モチベーションは極めて重要であり，スタートアップ期から成長過程に至る中で，次のステージにあがるための原動力になります。

モチベーションを考える上で，欲求理論と過程理論の2つの考え方があります。欲求理論はモチベーションの素は何か，何が人のやる気や意欲を高めるのか，すなわち「What」に着目します。過程理論はモチベーションが生じる流れや背景は何か，どのようにして人の意欲ややる気は高まるのか，すなわち「Process，How，Why」に着目します（**図表10−3**）。

「What」に着目する欲求理論では，心理学者マズロー（Maslow, A.H.）

図表10-3 主なモチベーション理論

個人を動機付ける要因はなにか （欲求理論）	どのようなプロセスで動機付けられるのか （過程理論）
・マズローの欲求段階説 ・マグレガーのX理論Y理論 ・ハーズバーグの二要因理論 ・マクレランドの達成動機理論	・ブルームの期待理論

出所：筆者作成。

の欲求段階説がベースになっているものがあります。人は低次の欲求が満たされるともう一段階上の欲求が現われ，組織の構成員の欲求を満たしていくためには，人間関係の改善だけではなく，より欲求が高次になるほど，仕事そのものを魅力的にして行く必要があると考えられます。

マグレガー（McGregor, D.M.）は，「人間は本来怠け者であり，命令され，統制されなければ成果を出せない」とする伝統的な科学管理法に基づくX理論と，「人間は，自らが主体的に関与して立案した目標に対しては献身的に努力する」とするY理論において，Y理論に基づくモチベーション管理が有効であるとしました（McGregor［1960］）。

ハーズバーグ（Herzberg, F.）は，仕事経験での良い感情と悪い感情をもった要因を分析し，良い感情をもった仕事への満足要因を「動機づけ要因」，悪い感情をもった仕事への不満足要因を「衛生要因」としました。この二要因理論によると，モチベーションを高めるためには「動機づけ要因」が重要とされています（Herzberg［1959］）。

マクレランド（McClelland, D.C.）は，より高い業績を上げたいという「達成欲求」，強さを手に入れ周囲の人に影響力を及ぼしたいという「権力欲求」，友好的かつ密接な人間関係を結びたいという「親和欲求」の3つの欲求がモチベーションに影響を与えるとしました（McClelland［1987］）。

「Process, How, Why」に着目した過程理論では，ブルーム（Vroom, V.H.）が，努力すれば成果が得られ，成果をもとに報酬が得られると期待でき，その報酬が魅力あるものであれば，人はモチベーションを高くするという期待と魅力に着目した理論を提唱しました（Vroom［1964］）。

将来 IPO を目指すということであれば，ストックオプション制度を導入するのもよいでしょう。ストックオプションとは，あらかじめ決められた価格で自社株を購入することができる権利です。IPO 後に株価が上がったときに権利を行使すれば利益が得られるので，社員のモチベーションアップにつながる制度といえます。特に，IPO を目指し，社内体制を強化する時期には，社員の管理業務が厳格かつ膨大になりがちで，IPO を前に社員たちが疲弊してしまうことがありますが，そのような場合にストックオプションは IPO を果たした際のボーナスにもなるのです。

2.3 リーダーシップ

バーナード（Barnard, C.I.）によると，「組織は，意識的で，計画的で，目的をもつような人々相互間の協働」[Barnard, 1938, p.5] とされています。個々の人間はそれぞれ異なる経験や知識をもっており，特に創業間もない企業においては，これまで経験がない目的やゴールに向かって意識を統合させていく必要があり，これがリーダーシップにあたるでしょう。

ドラッカーは，組織の使命を明確に目に見えるよう定義し，確立することをリーダーシップとしています（Drucker [2000]）。リーダーシップは，組織を前提として人を統率する力を指しますが，創業まもない時期で，独り創業の場合でも，事業パートナーをはじめとするステークホルダーといった周囲を巻き込む力はリーダーシップといえそうです。

コッター（Kotter, P.）は，変革を成し遂げる力量をリーダーシップとしています（Kotter [2014]）。新しいことにチャレンジするときの実行力，推進力，あきらめない力を含めると，リーダーシップは，アントレプレナーシップとも共通する要素が多いといえるでしょう。

ハーシィ（Hersey, P.）とブランチャード（Blanchard, K.）は，フォロワー（部下）の能力や意欲，成熟度により，適用するリーダーシップのスタイルを変える SL 理論（Situational Leadership Theory）を提唱しました（Hersey & Blanchard [1977]）。

図表10－4 状況適応型リーダーシップのモデル

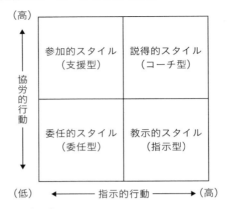

出所：Blanchard［2007］，井上他［2022］。

　リーダーシップのスタイルは，フォロワーに対し細かく指図する行動（指示的行動）とフォロワーと十分な意思疎通を図り支持，援助，支援する行動（協労的行動）の高低によって4分類されます（**図表10－4**）。

　指示的行動が高く，協労的行動は低い教示的スタイル（指示型）は，具体的に指示命令し管理監督は厳しくなります。指示的行動を少し低めて，協労的行動はやや高めにする説得的スタイル（コーチ型）は，指示の意図をフォロワーに説明したり，フォロワーからの質問に答えたりします。指示的行動をより低めて，協労的行動は維持する参加的スタイル（支援型）では，フォロワーからアイデアを募ったり，フォロワーを意思決定に参画させたりします。指示的行動，協労的行動のいずれも最小限に抑える委任的スタイル（委任型）では，メンバーの自主性や自律性を尊重し仕事を任せ，責任を負わせるようになります。

　つまり，スタートアップ期から急成長期に入る時期には，指示型からコーチ型へ，急成長期から安定成長期にかけて，支援型から委任型へとリーダーシップのスタイルは移行していきます。

3 成長ステージと組織変革

3.1 組織化の段階

　事業が軌道にのり始め，人材も増えてくると，考えなくてはいけないのが経営資源の配分です。経営資源は，ヒト，モノ，カネに代表され，情報，ノウハウといった見えない資源も含まれます。初めから経営資源が豊富な企業はなく，どんな大企業も初めは限られた経営資源を配分しながら成長しました。どこにどれだけの資源を配分するかを考えることが，組織化につながります（**図表 10 − 5**）。

図表10−5 成長ステージと組織の関係

	スタートアップ期 （スタートから 5 年）	急成長期 （5 〜 15 年）	安定成長期 （15 〜 25 年）
起業家の役割	My Company ・事業への思い入れ ・強力なリーダーシップ ・なんでも屋	Our Company ・事業への使命感 ・先見・決断・スピード ・人を動かす	Your Company ・明確なビジョン ・決断・先見・スピード ・経営システムを動かす
経営チーム	・起業家・友人中心 ・技術又は営業優先	・財務・営業プロ ・バランスある人材	・開発・システムプロ ・次なる飛躍人材
コミュニ ケーション	・インフォーマルのみ	・フォーマルな会議開始 ・末端情報収集の重要性	・フォーマルな会議定着 ・末端情報入手のトップ
経営管理レベル	・外部既存の税務会計 ・キャッシュフロー（資金繰り） ・経営計画は社長の頭	・独自の財務会計システム ・節税優先からの脱皮 ・経営計画の策定開始	・財務会計システムの定着 ・管理会計システムの導入 ・社員参加型経営計画
人事管理レベル	・員数合わせの採用 ・社長による直接評価	・即戦力中心の採用 ・人事先行導入	・新卒採用・能力開発 ・人事考課の確立
経営規程整備と 会計システム	・定款のみ ・決算書は会計事務所	・基本規程の策定 ・会計ソフト利用	・規程の見直し・整備 ・独自の会計システム構築

出所：松田［2014］をもとに筆者作成。

3.2 組織変革

　企業の組織は，基本的に担当者のポジションから，マネージャー，ミドル・マネジメント，シニア・マネジメント，CEO や COO と階層化されており，各階層が集まって組織のヒエラルキー構造を形成しています（**図表10−6**）。各階層はそれぞれの役割ごとに求められるスキルが異なります。創業後まもなくは，CEO や COO といったトップマネジメントが必要であり，事業が成長する過程では，CEO の下で業務を行うミドル・マネジメント層が必要になります。

　スタートアップ企業にとって，採用活動と人材育成は会社の将来を左右する大事な活動です。優秀な人材をいかに集めるか，基本的に創業当初は即戦力の採用です。その場合，社員の行動は規則やルールではなく，ビジョンを共有できるかに左右されますので，採用段階で「会社は将来どうなりたいのか」「どんな価値を創造したいのか」「社会に求められるものは何か」「会社の果たすべき役割は何か」についてよく伝え，理解を得ることが大事です。

図表10−6 組織構造と階層

創業期	レベル5： CEO/COO	・CEO は，全体の計画立案と会社の方向性に対し，最終責任がある ・COO は，全社の戦略計画を，日常の業務に取り入れて実行する ・マネージャーが報告する（階層は1つ）
成長期以降	レベル4： シニアマネジメント	・シニアマネジメント層は，企業内の主要機能の監督を行う ・全体の計画立案と，CEO・COO の補佐
	レベル3： ミドルマネジメント	・ミドルマネジメント層が，マネージャー単位の業務を監督する ・第一線のマネージャーとシニアマネジメントの橋渡しの役割を果たす
	レベル2： 第一線のマネージャー	・マネージャーは専門的な業務も行うが，技術者やその他の初級レベルの従業員の管理に責任を負う
	レベル1： 技術者／担当者	・専門的（テクニカル）な，あるいは，自己完結的な分担作業を行う ・コンピュータプログラミング，販売・生産，事務などのさまざまな専門的な業務を行う

出所：総務省［2010］をもとに筆者作成。

図表10-7 人材確保の観点

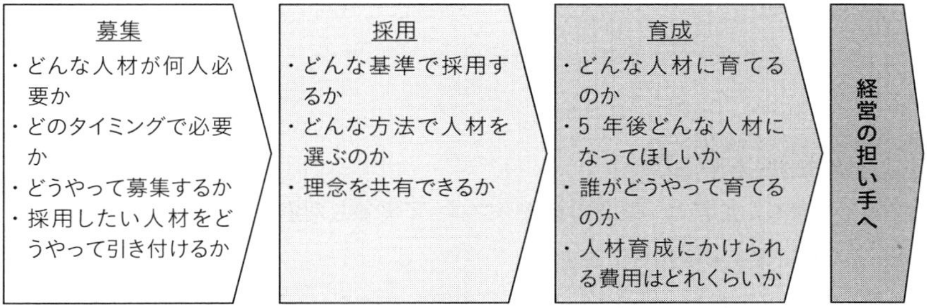

募集
・どんな人材が何人必要か
・どのタイミングで必要か
・どうやって募集するか
・採用したい人材をどうやって引き付けるか

採用
・どんな基準で採用するか
・どんな方法で人材を選ぶのか
・理念を共有できるか

育成
・どんな人材に育てるのか
・5年後どんな人材になってほしいか
・誰がどうやって育てるのか
・人材育成にかけられる費用はどれくらいか

経営の担い手へ

出所：総務省［2010］をもとに筆者作成。

　どの段階でどれくらいの人材を増やし事業規模を拡大するのか，事業に必要な人材スキルは何か，といった人事戦略を考えて採用計画を立てることも重要ですし，人材を自社の強みとしたときに，その強みを活かす戦略はなにかを考え，経営戦略と整合のとれた人事戦略を実行することも大事です（**図表10-7**）。

3.3 M&A

　企業が大きく成長する方法として，戦略的提携や合併・買収（M&A：Mergers & Acquisitions）があります。

　バーニー（Barney）によると，戦略的提携は，業務提携，業務資本提携，ジョイントベンチャー（JV）の3種類に分類されます（Barney［2002］p.7）。業務提携は，株式を持ち合いはせず，独立組織を作ったりせずに，契約でもって企業間の協力関係を築きます。業務資本提携は，契約による協力関係を補強するかたちで，一方あるいはお互いが提携先企業の株式を所有します。ジョイントベンチャーの場合は，提携先企業が共同で組織を作り，その組織が得た利益を共有します。

　合併・買収（M&A）は，自社の株式を他の企業に売却することで，多くの出資を受けることができます。端的には，大企業の子会社になることで，新製品や新サービスの販売網やブランディング，生産設備やノウハウといっ

た補完的な経営資源が手に入ることがありますが，創業者利益の獲得や投資家の出口戦略としてM＆Aが用いられることもあります。IPOとともにM＆Aはスタートアップ企業の出口戦略の1つです。

Research

1. **独りで創業した企業と，複数の創業メンバーで創業した企業では，その後の沿革にどのような違いがあるか調べてみよう。**
2. **スタートアップ企業は，どのように人材を育成しているか，調べてみよう。**
3. **創業したばかりの企業と，大きく成長した企業の組織構造の違いを調べてみよう。**

Debate

1. **自分が創業する場合，独りで創業するか，複数のメンバーと創業するか，議論しよう。**
2. **創業したばかりの企業にはどんな人材が必要か，議論しよう。**

参考文献

井上善海・遠藤真紀・山本公平［2022］『企業経営入門』中央経済社。

忽那憲治［2013］『アントレプレナーシップ入門：ベンチャーの創造を学ぶ』有斐閣ストゥディア。

清水洋［2022］『アントレプレナーシップ』有斐閣。

田尾雅夫［1998］『モチベーション入門』日本経済新聞社。

長谷川博和［2018］『ベンチャー経営論』東洋経済新報社。

松重和美・三枝省三・竹本拓治［2016］『アントレプレナーシップ教科書』中央経済社。

松田修一［2014］『ベンチャー企業（第4版）』日本経済新聞出版社。

Barney, J. B. [2002] *Gaining and Sustaining Competitive Advantage*, Pearson Education（岡田正大訳『企業戦略論【下】企業戦略編：競争優位の構築と持続』ダイヤモンド社, 2003年).

Barnard, C. I. [1938] *The functions of the executive*, Harvard University Press（山本安次郎・田杉競・飯野春樹訳『新訳 経営者の役割』ダイヤモンド社, 1968年).

Drucker. P. F [2000] *The Essential Drucker on Individuals*, Harper Business（上田惇生訳『プロフェッショナルの条件』ダイヤモンド社, 2000年).

Hersey, P. & Blanchard, K. H. [1977] *Management of Organizational Behavior: Utilizing Human Resources (3rd eds)*. Englewood Cliffs, Prentice-Hall（山本基成・水野基・成田攻訳『行動科学の展開：人的資源の活用』日本生産性本部, 1978年).

Herzberg, F. [1959] *The Motivation to Work*, Routledge（北野利信翻訳『仕事と人間性：動機づけ―衛生理論の新展開』東洋経済新報社, 1968年).

Kotter, J.P. [2014] *ACCELERATE*, Harvard Business Review Press（村井章子訳『実行する組織：大企業がベンチャーのスピードで動く』ダイヤモンド社，2015年）．

Maslow, A.H. [1998] *Maslow on Management*, New York: John Wiley & Sons（金井嘉宏監訳，大川修二訳『完全なる経営』日本経済新聞社，2001年）．

McGregor, D.M. [1960] *The Human Side of Enterprise*, New York: McGraw-Hill（高橋達男訳『新版 企業の人間的側面：統合と自己統制による経営』産能大学出版部，1970年）．

McClelland, D.C. [1987] *Human Motivation*, Cambridge: Cambridge University Press（梅津祐良・薗部明史・横山哲夫訳『モチベーション：「達成・パワー・親和・回避」動機の理論と実際』生産性出版，2005年）．

Shane, S. A. [2008] *The illusions of entrepreneurship: The costly myths that entrepreneurs, investors, and policy makers live by*, Yale University Press.（谷口功一・中野剛志・柴山桂太訳『〈起業〉という幻想：アメリカン・ドリームの現実』白水社，2011年）．

Vroom, V.H. [1964] *Work and Motivation*, New York: John Wiley & Sons（坂下昭宣・榊原清則・小松陽一・城戸康章訳『仕事とモティベーション』千倉書房，1982年）．

総務省（2010）「ICTベンチャー・リーダーシップ・プログラム」
https://www.soumu.go.jp/main_content/000170381.pdf（2024年2月4日閲覧）．

第11章 資金調達と運用

Points

- 企業の資金調達手段にはどのようなものがあるのか，成長ステージによってどのような調達方法が向いているのかを学びます。
- ベンチャー企業の多くが目標とする株式公開（IPO）について学びます。
- 調達した資金をどのように経営に活かすのか，企業のお金の管理について学びます。

Key Words

資金調達，開業資金，ベンチャーキャピタル，クラウドファンディング，株式公開（IPO），内部統制，損益計画，資金繰り管理，キャッシュフロー

1 資金調達

1.1 成長ステージに応じた資金調達

　事業を始めるとき，どれくらいの資金が必要でしょうか。事業を成長させるときも資金が必要になります。必要な資金を集めることを資金調達といいます。スタートアップ期において，半数以上の企業が資金調達を課題としており，最も大きな悩みとなっています。

　近年スタートアップ企業への投資額は拡大しており（**図表11-1**），資金調達方法も多様化しています。こうした投資は，スタートアップ期の課題の解決およびスタートアップ企業の成長の支えとなることが期待されます。

図表11−1 投資額の推移

出所：中小企業庁［2022］をもとに筆者作成。

1.1.1 開業資金

　事業を始めるときに必要な資金を開業資金といいます。どれくらいの開業資金が必要になるのかを計算し，自己資金を差し引いても不足するようであれば，資金調達が必要になります。

　開業資金は事業形態によって異なりますが，一般に店舗や事務所の取得費，内装費や外装費，設備費などが必要です。これ以外にも，毎月かかる家賃や社員の給料，広告宣伝費，水道光熱費などを含めて，資金計画を立てておく必要があります（**図表11−2**）。

1.1.2 成長ステージと資金調達

　どんなビジネスなのかによって，スタートアップ期に必要な資金の大きさは異なりますが，「売上が思ったように伸びない」「予想よりもコストがかかる」「売掛金の回収が遅い」というように，起業前の想定よりも資金が必要になることがあります。企業は成長ステージに応じた資金調達が必要になります。

図表11-2 必要資金の例

項目		初期投資額(万円)
設備工事費・什器備品費	内外装工事費	200
	厨房設備工事費	200
	什器備品費	50
	その他	50
	小計	500
開業費	販売促進費	40
	人材募集費	20
	開業前人件費	20
	開業前賃借料（1カ月）	40
	その他	50
	小計	170
総計		670

注1：20坪のカフェレストランを想定
注2：土地・建物等の物件取得費は別途必要
出所：J-Net21をもとに筆者作成。

図表11-3 企業の成長ステージと損益の関係

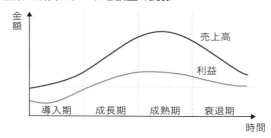

出所：筆者作成。

　スタートアップ期には、思ったほど売上が上がらず、一方で費用はかかるため、キャッシュフローはマイナスになります。成長期には、売上は増加しますが、同時に広告費や先行投資などの費用もかさみますので、キャッシュフローは小さなプラスです。成熟期になると安定した売上があり、生産性や効率性もあがるため費用は少なくおさえられますので、キャッシュフローはプラスになります。このように成長ステージに応じて、資金調達ニーズが変化します（**図表11-3**）。そして新製品開発など、さらなる事業成長のために追加投資が必要になる時期には、資金調達ニーズが発生します。

1.2 資金調達方法

　企業が資金調達する際には，一般に銀行借入や株式発行といった方法があります。株式発行など企業が直接市場から資金調達する方法を直接金融，銀行借入など金融機関から資金調達する方法を間接金融といいます。これらは他者の力を借りる資金調達方法であり，外部金融と呼ばれます。これに対して，企業内部の努力などで資金を作る方法を内部金融といいます（**図表11－4**）。

1.2.1 直接金融

　直接金融は，投資家から企業が直接資金を調達する方法です。直接金融では投資家を広く募ることができ，資金調達の幅が広がります。株式発行（エクイティファイナンス）と社債発行があります。

　株式発行による資金調達では，新たに発行した株式を株主に買い取ってもらうことで，企業は資金を調達することができます。株式発行による資金調達では，資本として受け入れますので，決算書上は純資産として計上されます。広く出資を募る公募型や特定の出資者からの増資を受ける第三者割当増

図表11－4 さまざまな資金調達方法

内部金融	減価償却費		
	内部留保		返済義務なし
外部金融	直接金融	株式発行（エクイティファイナンス）	
		ベンチャーキャピタル，ビジネスエンジェルからの投資	
		クラウドファンディング	
		補助金・助成金	
		親類・知人からの借入	返済義務あり
		社債発行	
	間接金融	銀行借入　プロパー融資	
		信用保証付き融資	
	企業間信用	仕入債務（支払手形，買掛金）	

出所：筆者作成。

資があります。銀行借入とは異なり，返済の義務が無いことから，新規事業や研究開発等の資金として活用されます。ただし，議決権のある株式発行の場合は，経営への影響が懸念されること，知名度の低い企業の場合は出資者を探すのが困難であること，未上場の場合は株式買い取りを求められるリスクもあることなどには注意が必要です。

　社債発行による資金調達は，社債を発行し，投資家に売却することで資金を調達する手法で，中小企業や成長段階にあるベンチャー企業に活用されています。株式発行とは異なり，投資家からの借入になるため，投資家への利息の支払いと，満期時の元金返済（償還）をする必要があります。決算書上は負債として計上され，定期的に支払利息が発生するため，株式発行の方が有利に感じますが，社債は償還時期と利息を設定した上で発行するため，発行時にコストが確定し，資金計画が立てやすいメリットがあります。支払利息は経費計上が可能で，経営権への影響もありませんので，株式発行と比較するとコストが安く，使いやすい資金調達方法ともいえます。

1.2.2　間接金融

　銀行借入は金融機関から資金を借入れ，定期的に返済をしていきます。事業が上手くいっているかどうかに関わらず，基本的には約定通りに返済を行う必要がありますので，返済できなくなるリスクに応じて，担保を差し入れたり，保証を付けたりする場合があります。銀行借入は決算書上，負債であり，返済期限が1年以内のものは流動負債に，1年超のものは固定負債に計上します。

　融資元としては民間の銀行だけではなく，信用金庫や日本政策金融公庫などからも融資を受けることができます。特に日本政策金融公庫は政府系金融機関として新創業融資制度を設けており，起業前や起業後まもない時期でも融資を受けやすいという特徴があります。一方で，メガバンクなどから融資を受ける場合には，ある程度の信用力，担保力がなくてはなりません。スタートアップ期の企業が利用しやすい資金調達手段としては，不向きといえるでしょう。

銀行が事業主と直接融資契約を結ぶ形式をプロパー融資といいますが，ま
だ経営実績がなく，返済の見込みがたたないスタートアップ期にプロパー融
資を利用することは難しいため，スタートアップ期や中小企業には信用保証
付き融資や公的制度融資が利用しやすい融資といえるでしょう。

信用保証付き融資では，信用保証協会が融資の保証をすることで，銀行が
貸倒れリスクを減らすことができ，結果として融資を受けられる可能性が高
まります。事業主が返済困難になった場合に，信用保証協会が立て替えて返
済（代位弁済）を行う制度で，事業主はその対価として信用保証協会に保証
料を支払います。代位弁済後は，事業主は信用保証協会に返済をすることに
なります。毎月可能な返済額を信用保証協会と事業主で検討した上で，返済
を続けます。

担保を提供する借入としては，ABL（Asset Based Lending）があります。
ABL とは，企業が所有する売掛債権や在庫，原材料，商品，設備機械など
の動産を担保に，銀行から融資を受けるものです。また，未回収の売掛金を
買い取ってもらうファクタリング（Factoring）もあります。保証会社に売
上債権を保証してもらい，代金回収ができなくなるリスクを回避するもので
す。

間接金融では銀行との関係が重要で，経営について銀行からモニタリング
されますが，銀行とよい関係が構築できれば，プロの財務アドバイスが得ら
れます。ただし，企業にとって銀行借入は負債（Debt）であり，毎月金利
と元金の返済義務が生じます。業績が悪い時でも返済し続けないといけませ
ん。一方で，株式発行により出資を受けた場合は資本（Equity）となり，返
済の義務はありません。出資者である株主は，利益が出ればその配分（株式
配当）を求めますが，配当は企業側の判断で決定されます。このことから，
業績に関係なく返済義務のある借入の方が，企業にとってはリスクの高い資
金調達方法といえるのです。

1.2.3 内部金融

内部金融とは，自社内の通常の経営活動で資金を調達することです。自己

金融とも呼ばれます。利益の一部を配当や投資にまわさず貯めておく内部留保や，支出を伴わない費用である減価償却費は内部金融にあたります。

1.3 スタートアップ期の資金調達

スタートアップ期の資金源は3F（founder, friend, family）と称され，成長にしたがい，資金調達手段が多様化します。

1.3.1 ベンチャーキャピタル

企業には補助金や銀行借入，新株発行といった資金調達手段がありますが，まだ実績が十分でないスタートアップ企業にとって，銀行借入は難しい面があります。借入は利息とともに返済しますが，資金を提供する銀行にとって，決算書のない企業には，貸したお金が確実に返済される見込みがあると判断できないからです。すでに決算を行っていても，まだ十分に収益があがらない時期でもあり，審査が難しいのです。

成長段階にあるスタートアップ企業にとって，ベンチャーキャピタル（VC：Venture Capital）から支援を受けるといった資金調達方法があります。ベンチャーキャピタルとは，投資先の企業価値をあげることを目的として支援を行う企業で，成長が見込まれる投資先に対し，出資を行ったり経営アドバイスを行ったりします（ハンズオン型の場合）。

ゼロから立ち上げた企業や新規事業が成功するためには，優れたビジネスモデルが必要ですが，それを実行するための資金が調達できなければ事業はできません。やってみなければわからない事業に対し，リスクの高い投資をするベンチャーキャピタルの存在は大きいといえます。

1.3.2 ビジネスエンジェル

創業時または創業直後のこれから成長するであろう企業に対し，資金を提供する個人投資家をビジネスエンジェル（エンジェル投資家）といいます。株式や社債を引き受け，高いリスクをとって資金提供を行う投資家で，資金

調達手段が乏しいスタートアップ企業にとって，投資先企業のビジネスを応援し，育ててくれる存在です。過去に自分も創業者として苦労した経験のある人物であることもあり，そのビジネスエンジェルからのアドバイスや人脈が，スタートアップ企業にとって役立つ存在にもなります。

1.3.3 クラウドファンディング

インターネットを利用した資金調達方法もあります。インターネット上のプロジェクトを通じて，不特定多数の人に製品・サービスの良さや意義を呼びかけ，その理念に共感した人々から資金提供を受ける方法を，クラウドファンディング（Crowd Funding）といいます。

クラウドファンディングには，「寄付型」「投資型」「購入型」があります。「寄付型」は寄付を募る形で資金提供を受けるもの，「投資型」はファンドを含む出資や融資の形で資金提供を受けるもの，「購入型」は集めた資金で製品開発をし，支援者にその製品を提供するものです。どの型であっても，支援者から共感が得られるかが重要になります。

2 株式公開（IPO）

2.1 株式公開（IPO）とは

成長を目指す企業の経営者は，より多くの資金調達に奔走します。銀行借入には限界があり，金融機関への依存度が上がると安定経営を求められるようになり，また利息の支払額も重たくなります。

返済義務のない資金調達方法として，株式発行は魅力的な方法なのですが，株式を買ってくれる相手を探すのが容易ではありません。不特定多数の人が株式購入できるようになり，資金調達が容易になる手段の1つが株式公開（IPO：Initial Public Offering）です。

特に高い成長性を目指す企業は，IPO を念頭において会社を設立すること

も多く，IPO が創業者の大きな目標となり得ます。

2.1.1 IPO のメリット

IPO のメリットは，株式を公開することで，公募新株発行による多額の資金調達が可能になることです。この資金は返済不要な資本であり，自己資本の充実に繋がりますので，財務基盤が強化されます。創業者にとっては創業者利潤の獲得もあります。

また，株式公開に際し，厳しい上場審査をクリアすることで，社会的な信用度が得られ，毎日動く株価情報が投資家や一般の人々の目に触れることで，知名度は飛躍的にアップします。それに伴い，優秀な人材が集まるようになり，活発な採用活動ができるようになり，ストックオプションをはじめとする人事制度を充実させることで，既存社員のモチベーションアップや会社に対する帰属意識の高まりも期待できるでしょう（**図表 11 − 5**）。

2.1.2 IPO のデメリット

IPO のデメリットもよく理解しておかなければなりません。まず上場企業になると，株主価値の増大を常に意識した行動をとらなければならず，社会的責任が増加します。創業者や大株主の個人的な企業であったものが，株主や一般の人（潜在的な投資家）にとっての所有物となるためです。守るべき

図表11−5 IPO の目的や IPO 後の効果

- ●優秀な人材の確保，リクルーティング（36 社）
- ●市場からの資金調達，資金調達手段の多様化（22 社）
- ●信用力の向上，信頼度アップ（22 社）
- ●知名度向上，認知度アップ（18 社）
- ●従業員のモチベーションアップ（7 社）
- ●主要取引先・新規顧客獲得（5 社）

（以下，1〜3 社）
ブランド力の向上，新市場の獲得，社内体制の整備・強化，経営基盤の強化，株主への利益還元，成長スピードアップ，経営理念の実現，他社との差別化，企業存続の永続性

注：2001 年から 2017 年に中小機構のファンド出資事業を利用して IPO を果たした企業 69 社のうち，上場目的や上場後の効果として上記キーワードをあげていた企業数。
出所：J–Net21 をもとに筆者作成。

法令もより厳しくなりますので，コンプライアンスを意識した経営を行うだけでなく，常に成長し続けないと株主は離れていくことになります。

　株主や利害関係者への説明責任（アカウンタビリティー）やタイムリーな情報公開の義務も発生しますので，管理業務が煩雑になります。情報開示の前には外部監査が必要で，J-SOX への対応（金融商品取引法に規定される内部統制の整備・運用）や IR（投資家に対する広報活動）といった関連コストも増大します。

　また，株式公開により誰でも自由に株を買うことができるようになるため，株式を買い占められ，経営権を奪われる可能性が出てきます。したがって，そのための資本政策が必要になります。

2.2　株式市場

　東京証券取引所の中で，株式会社が上場可能な市場は，プライム市場，スタンダード市場，グロース市場があり（**図表 11-6**），そのうちグロース市場は，高い成長可能性を有する企業向けとされています。上場するには審査があり，上場基準をクリアしなければならないのですが，グロース市場は，流動性，ガバナンスの点において，他の市場より基準が低く設定されており，事業計画が認められ，10 年経過後の維持基準を満たせばよいようになっています。

　IPO を目指す企業が上場しやすい新興市場は，日本国内では東京証券取引

図表11-6　IPO企業数（2022年12月末時点）

証券市場	プライム[1]	スタンダード[2]	グロース[3]	TOKYO PRO Market[4]	合計
IPO 企業数	1,838 社	1,451 社	516 社	64 社	3,869 社
うち外国会社	（1 社）	（2 社）	（3 社）	（0 社）	（6社）

注 1：プライム市場：グローバルな投資家との建設的な対話を中心に据えた企業向け。
注 2：スタンダード市場：公開された市場における投資対象として十分な流動性とガバナンス水準を備えた企業向け。
注 3：グロース市場：高い成長可能性を有する企業向け。
注 4：TOKYO PRO Market：特定取引所金融商品市場。プロ投資家向け市場。
出所：日本取引所グループ Web ページをもとに筆者作成。

所のグロースのほかに，名古屋証券取引所のネクスト，札幌証券取引所のアンビシャス，福岡証券取引所のQボードがあります。

2.2.1 株式公開するには

株式公開（IPO）するには，上場審査をクリアしなければなりません。上場審査の基準には形式基準と実質基準があり，企業の業務内容や情報開示の適切性，企業経営の健全性，内部管理体制などが評価されます。IPOにあたり監査法人の監査を受け，「適正意見」を得なければならず，IPOの審査基準をクリアできる体制整備のための費用と時間がかかります。一般にIPOの準備には最低でも2年はかかり，多くの企業が会社設立から5年以上経ってからIPOを実現させています（**図表11-7**）。

2.2.2 資本政策

企業の資金調達は，どのような方法で，誰から，いくら，どのタイミングで，資金調達をするのかを見極めて決定する必要があります。これを資本政策といいます。IPOを目指すときは，資本政策が重要です。

株式会社にとって重要事項の決定は，株主総会での決議によります。この決議は持ち株比率による多数決なので，もし経営者の議決権比率が低下してしまうと，経営に対する決定権が弱まることになります。したがって，一番重要な資本政策は，経営者の議決権比率の維持であり，経営者の議決権比率

図表11-7 会社設立からIPOまでの期間

期間（年）	企業数	期間（年）	企業数	期間（年）	企業数
1年	—	6年	6社	11年	4社
2年	1社	7年	11社	12年	4社
3年	2社	8年	6社	13年	3社
4年	—	9年	4社	14年	1社
5年	4社	10年	11社	15年	4社
				15年以上	7社

注：2001年から2017年に中小機構のファンド出資事業を利用してIPOを果たした企業68社。
出所：J-Net21をもとに筆者作成。

をどの程度に保つかを決めておかなければなりません。

　具体的には，経営者が過半数の議決権を維持することにより，経営者以外の株主が反対したとしても，普通決議で可決することができますが，目指すは3分の2以上の議決権の保持です。経営者以外の株主の反対にあっても，特別決議を可決することができるからです。経営者が3分の2の議決権を保持していると，特別決議が必要な，定款変更，事業譲渡，解散，組織変更，合併等の組織再編行為に関する事項について，経営者の議決権のみで決定が下せます。なお，少なくとも3分の1以上の議決権を維持できれば，特別決議を否決することができます。

　一方で，経営者が高い比率の議決権を維持することは，市場での資金調達をしにくくすることにつながります。さらに市場に一定量の取引がないと，株価が上昇しにくいため，議決権比率は慎重な判断が必要なのです。

　短期的に多額の資金調達をしようとすると，経営者の議決権比率が低下する恐れがあり，少しずつ増資をする方が望ましい場合もあります。時間をかけて市場の信頼を得ていくと，安定的にゆっくりと株価に反映してくる傾向にあります。そして株価が高くなれば，少ない発行数で多くの資金調達ができる可能性が出てきます。

2.3 内部統制

　IPOに伴い，財務諸表をはじめとする情報公開が必要になり，それらが正しく作られているか，不正が起きないしくみになっているか，チェックする機能があるかを監査する必要があります。その際に重要なのが内部統制です。

　内部統制とは，「業務の有効性及び効率性」「財務報告の信頼性」「事業活動に関わる法令等の遵守」「資産の保全」の4つの目的を達成するために，業務に組み込まれているプロセスのことです。このうち「財務報告の信頼性」は財務諸表監査において確認される項目であり，それが内部統制の目的の1つになっています。

　内部統制は，判断の誤り，不注意，複数の担当者による共謀によって有効

に機能しなくなる場合があります。当初想定していなかった組織内外の環境の変化や非定型的な取引等には，必ずしも対応しない場合があり，特に経営者が不当な目的のために内部統制を無視することがあります。内部統制の整備及び運用に際しては，費用と便益との比較衡量が求められます（金融庁企業会計審議会「財務報告に係る内部統制の評価及び監査の基準」）。

　金融庁企業会計審議会監査部会「監査における不正リスク対応基準」によると，不正が起こる「機会」があると不正の起こる要因になるとされています。特に経営者が一人または少数の者によって支配され，統制が存在しない場合には，内部統制は有効でないといえます。1つの業務を他の従業員と分担したり，経営者が不定期に確認するしくみがあると，不正リスクは低減します。

3 スタートアップ期の資金管理

3.1 売上・経費管理

　事業を始めるとき，このビジネスモデルではどれくらいの収益が見込めるのか計算しておく必要があります。その後も経営者は自社の経営状況を把握し，経営戦略を立てて実行していきますが（**図表11-8**），その際に「この商品は最近好評で，うちの会社は儲かっている」といった感覚的なものではなく，数値化された実績あるいは算出根拠の明確な予測値をもとに判断できるようにしなければなりません。

　このような収益管理は，資金調達する際に，投資家や銀行に対し自社の経営状況を説明する際にも求められますし，経営戦略と密接に関係しており，突発的に経営環境が大きく変化した場合にも，すぐに経営環境に適応することができ，倒産を防ぐだけでなく，目前のビジネスチャンスをつかむための機動力になります。

図表11-8 財務基盤と経営戦略の関係

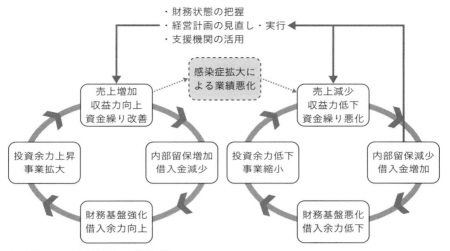

注：新型コロナ感染症拡大時の経営戦略例。
出所：中小企業庁［2020］をもとに筆者作成。

3.1.1 売上予測

小売業の売上は「単価×販売個数」で算出できますが，スーパーのように取扱商品が多く，一つひとつの商品単価が異なる場合は，売上予測の計算が煩雑になります。そのような場合は「客単価」を使い，「客単価×来店客数」と計算することができます。他にも「時間単価×時間数」「一人あたり平均売上高×人員数」といった方法があり，ちなみにコンビニエンスストアでは「面積あたり平均売上高×面積」で売上予測をしています。

カフェを例に売上予測をしてみましょう。1日の来店客数が48人（8時間営業とすると1時間あたり6人），客単価が2,200円，月の営業日数が25日とすると，売上高（月商）は264万円，売上高（年商）は3,168万円と予測できます（**図表11-9**）。

3.1.2 経費予測

事業を立ち上げ，売上があがったとしても，コスト（経費）がかかってい

図表11-9 売上予測の例

平均来店客数	48 人
客単価	2,200 円
月間営業日数	25 日
年商	3,168 万円

注：20坪のカフェレストランを想定。
出所：J-Net21をもとに筆者作成。

ることを忘れてはいけません。事業にかかるコストには，材料や仕入のように売上に連動してかかるコスト（変動費）と，家賃や広告宣伝費など売上に関係なくかかるコスト（固定費）があります。人件費については，正社員の給料は固定費と考えますが，アルバイトの給料は変動費と考える場合もあります。

　新型コロナ感染拡大の時期には，人件費や家賃等の固定費が悩ましい経費とされました。お店が休業で売上があがらないにもかかわらず，家賃は支払わなければならず，営業を再開することを想定し，雇用を維持するための人件費がかかったからです。経済上の理由により，事業活動の縮小を余儀なくされた事業主が，雇用の維持を図るための休業，教育訓練，出向に要した費用を助成する雇用調整助成金や，新型コロナ感染の影響で売上が減少した個人事業者や中小企業に対して，実質無利子・無担保で融資を行うゼロゼロ融資により，多くの中小事業者が倒産を免れました。

3.2　損益計画

　売上からコストを差し引いたものがプラスであれば利益（黒字），マイナスになれば損失（赤字）です。スタートアップ時には初期コストがかかり，赤字になることもありますが，どの段階で黒字化できるか，損益計画をしっかり立てることは非常に重要なことなのです（**図表11-10**）。

　損益計画を立ててみて，これでは事業の収益化が見込めない，と感じることもあるでしょう。そんなとき，売上を増やす，経費を減らす，あるいは売

図表11−10 損益計画の例

（万円）

		初年度	2年度	3年度	4年度	5年度
売上高（年2％up）		3,168	3,231	3,296	3,362	3,429
売上原価（38％）		1,204	1,228	1,252	1,278	1,303
売上総利益		1,964	2,003	2,044	2,084	2,126
販売費および一般管理費		2,110	1,940	2,040	2,000	2,000
	人件費	900	900	1,000	1,000	1,000
	地代家賃	480	480	480	480	480
	販売促進費	120	120	120	80	80
	減価償却費	360	360	360	360	360
	その他経費	80	80	80	80	80
	初期投資一括計上	170				
営業利益		△146	63	4	84	126
営業利益率		△5％	2％	0％	3％	4％

注：20坪のカフェレストランを想定。
出所：J-Net21をもとに筆者作成。

上を増やし経費を減らす，といったことを考えて，何度もシミュレーションします。このシミュレーションは，ビジネスプランが机上の空論にならないための，最も重要な作業といえるのです。

3.3 資金繰り管理

3.3.1 資金繰り

　企業は黒字でも資金ショートによって突然倒産に追い込まれることがあります。いわゆる黒字倒産です。資金が入ってくるタイミングと出ていくタイミングがずれると，支払時に手元現金が不足し支払いができません（資金ショート）。こういった時期をあらかじめ予測し，資金がショートしないように管理するのが「資金繰り表」です。資金がショートする前に，銀行借入や

図表11−11 資金繰り表の例

(万円)

		1月（実績）	2月（実績）	3月（予測）
前月繰越		1,500	1,400	1,500
経常収入	現金売上	1,200	1,300	1,000
	売掛金の回収	500	300	400
	受取手形期日入金	200	300	200
	その他入金	100	300	100
	収入合計	2,000	2,200	1,700
経常支出	現金仕入	1,000	1,200	1,400
	買掛金の支払	300	400	400
	支払手形期日決済	100	200	200
	人件費の支出	150	150	150
	その他支出	250	50	450
	支出合計	1,800	2,000	2,600
経常収入−経常支出		200	200	−900
経常外収支	借入	0	0	500
	手形割引	0	0	500
	設備投資	200	0	400
	借入金返済	100	100	0
次月繰越		1,400	1,500	1,200

注：20坪のカフェレストランを想定。
出所：J-Net21をもとに筆者作成。

支払サイト（仕入から資金決済までの期間）を延ばすなどの対応をとることができます。

　通常の事業活動から得られる収入（経常収入）から，通常の事業活動に伴う支出を差し引き，銀行借入などの収支（経常外収支）を加味した収支がマイナスにならないように管理します。収入を増やす，支出を減らす，銀行借入をする，支払サイトを長くする，回収サイト（売上時から資金回収までの期間）を短くすることで資金繰りは改善します（**図表 11 − 11**）。

3.3.2 キャッシュフロー

　スタートアップ期は，設備投資に積極的で，外部からの借入で賄われますが，売上はまだ上がらず，全体キャッシュフロー（以下，CF）はマイナスです。成長期になると，売上が拡大傾向になりますが，先行投資のために追加融資を受けるなど，全体CFはプラスに転じます。成熟期には，営業CFで得た大きな資金をもとに投資を続け，銀行借入も順調に返済できます。衰退期になると，本業で稼げなくなり，しかし投資や返済は続けなければならない状態で，全体CFはマイナスになります（**図表11-12**）。

　企業は，支払うべきものが支払えなくなったときに倒産します。損益上プラスでも，すぐに現金化できるキャッシュが不足し，資金ショートを起こすと経営が立ち行かなくなるのです。そして，これまで友好関係にあった取引先でも，期日までの支払いができない事業者との取引はできなくなります。そうならないように，常に資金繰り管理をして，あらかじめ資金繰りの厳しい時期を回避するとともに，余裕のあるキャッシュフローを獲得できるように管理する必要があるのです。

図表11-12 成長ステージとキャッシュフロー

	創業期	成長期	成熟期	衰退期
営業 CF	－	＋	＋	－
投資 CF	－	－	－	－
財務 CF	＋	＋	－	－
CF 全体	－	＋	＋	－

出所：長谷川［2018］，忽那他［2013］をもとに筆者作成。

Research

1. 実際の有名企業がどのような資金調達をして成長したのか，調べてみよう。

2. 直近の新規株式公開企業は，どんなビジネスを行っている企業なのか，どのような強みがあるのかを調べてみよう。

3. 企業の損益について，倒産した企業は，どんな財務的な理由で倒産したのか調べてみよう。

Debate

1. 銀行借入と出資のメリット，デメリットを議論しよう。

2. 資金調達に成功する企業にはどのような特徴があるか，議論しよう。

3. クラウドファンディングについて，「共感」を得るためにはどうすればよいか議論しよう。

参考文献

小野瀬拡・佐久間信夫・浦野恭平［2020］『ベンチャー企業要論』創成社。

忽那憲治・長谷川博和・高橋徳行・五十嵐伸吾・山田仁一郎［2013］『アントレプレナーシップ入門：ベンチャーの創造を学ぶ』有斐閣ストゥディア。

清水洋［2022］『アントレプレナーシップ』有斐閣。

中小企業庁［2020］『2020 年版中小企業白書』日経印刷株式会社。

中小企業庁［2022］『2022 年版中小企業白書』日経印刷株式会社。

長谷川克也［2019］『スタートアップ入門』東大出版会。

長谷川博和［2018］『ベンチャー経営論』東洋経済新報社。

松重和美・三枝省三・竹本拓治［2016］『アントレプレナーシップ教科書』中央経済社。

松田修一［2014］『ベンチャー企業（第 4 版）』日本経済新聞出版社。

J-Net21 中小企業ビジネス支援サイト https://j-net21.smrj.go.jp（2024 年 2 月 16 日閲覧）.

第**12**章 事業計画書の作成

Points

● 起業という夢を実現するために作成する事業計画書の目的と手順，内容について整理することで理解を深めます。
● 起業時の各種届出や業種によって必要な許認可について学びます。
● 起業家の育成支援は重要な中小企業施策の１つであり，さまざまな支援制度について学びます。

Key Words

事業計画書，新規性，実現可能性，届出，許認可，支援制度

1 事業計画書とは

　皆さんが，自分の夢を実現させようと会社を設立して起業しようとしたとき，何から始めればいいのでしょうか。まずは，自分が思い描いた夢の実現に向けて，事業計画書を具体的に書き起こすことで頭の中を整理していきます。本節では，事業計画書作成の目的とその内容について説明します。

1.1 事業計画書の目的

　事業計画書は，思い描いた夢をどのように具体的に実現していくかについてまとめたものです。これを作成することで，実際に起業するまでに何を準備する必要があるかが見えてきます。日本政策金融公庫が実施した調査によると，事業計画書を作成したことによるメリットとして「事業の内容や特徴を整理できた」が最も高い値を示しました（**図表 12 - 1**）。事業計画書を作

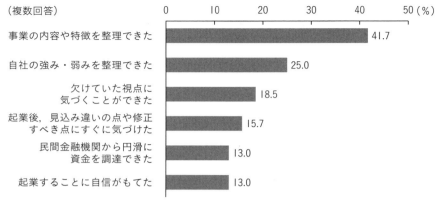

図表12−1 事業計画書を作成したことによるメリット

出所：村上［2015］をもとに筆者作成。

成する目的として，自分の頭の中で思い描いていた夢を文字や図であらわすことで，事業の内容を整理して理解するためといえるでしょう。

　事業内容を整理し見える化したことで，計画した事業の強みや弱みを整理することができ，計画書にするまでには気づかなかった視点に改めて気づかされることもあるとの回答もあります。何よりも，見える化したことによって，自信をもって起業へ向かうことができるようになることが大事なポイントです。

　この計画書の作成者自身が事業内容の理解度を高めることや，起業後の見込み違いや修正点に早く気づくことができるだけではありません。事業計画書を作成したことで，金融機関からの資金調達が円滑に進むことも重要なポイントです。起業を進める上で最も重要な項目の1つである資金調達を進めるための資料として活用することも，事業計画書を作成する目的なのです。

1.2 事業の分析

　思い描いた夢の実現に向けた，事業内容を整理するために，事業計画書を作成する必要があることがわかりました。本節では事業計画書を作成する準備段階に行うことを説明していきます。

1.2.1 起業家の資質

　最初に，起業家自身の「起業家としての資質」を確認する必要があります。ゼロから事業を始めるためには，以下の5つの資質をもつことが求められます。

(1)　信念と目的

　事業をゼロから始めるためには，「自分の夢を実現させたい」という熱い情熱と強い信念をもちつづけることが，起業後のさまざまな困難に立ち向かう原動力となります。そのためには，自分の夢である「事業の目的」をはっきりとさせることが必要です。

(2)　事業の新規性

　新たに進出する市場（顧客）で他社と競合していくためには，事業として市場（顧客）に提供する製品やサービス，製造方法や事業運営の仕組み等に，これまでにない新規性をもつことが求められます。

(3)　業界知識と経験

　新たに事業を始めるためには，さまざまな知識やスキル，ノウハウが必要となります。順調に事業をスタートさせるためには，事前にその業界を経験し，業界の専門知識をもっていることが望ましいとされています。

(4)　理解者と協力者

　家族や友人，取引先，金融機関等に起業について理解してもらい，協力を得られるような関係性を構築することが，事業を存続させるために重要です。

(5)　自己資金

　スタートアップ時に多額の借入をしたことから，毎月の返済負担で資金繰りが苦しくなり経営に注力できなくなることがあります。これを防ぐために

も，起業までに可能な範囲で自己資金を蓄える必要があります。

1.2.2 環境分析

　起業家としての資質を確認し，起業後のさまざまな困難にも立ち向かっていくことができる覚悟が決まったら，次は，起業しようとする事業について環境分析を行います。環境分析は以下の内部環境と外部環境に分けて実施します。環境分析をすることで，起業にあたっての問題点や，起業後の事業の方向性や対応策を明らかにすることができます。

(1)　内部環境（経営資源）

　企業は部品や原材料を調達し，製品やサービスを製造・加工して，市場（顧客）に販売することによって，市場（顧客）は企業から便益（満足）を得ています。その対価として，企業は市場（顧客）から利益を得るという経営活動をしています（**図表12-2**）。企業が経営活動を行うためには，以下の4つの経営資源を調達し，必要とされる部門に適切に配分します。

　①人的資源：社員やパート，アルバイト等の人材のこと。これらの人材が
　　　　　　　もつ能力やスキルも該当する。経営活動に必要な人数と，正

図表12-2　経営活動と経営資源

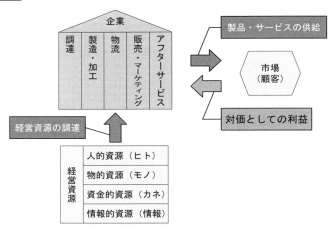

出所：筆者作成。

規雇用あるいは非正規雇用について検討する。

②物的資源：機械や設備，土地，建物，IoT，プログラム等のこと。経営
　　　　　　活動に必要な機械や設備を，購入するかリースにするかを検
　　　　　　討する。

③資金的資源：人材の雇用や機械・設備の購入等に必要な資金のこと。現
　　　　　　金・預金から支払うか，借り入れるか増資するかなど調達方
　　　　　　法を検討する。

④情報的資源：顧客データや製造技術，販売上のノウハウ等の無形物のこ
　　　　　　と。内製化するかアウトソーシングするかを検討する。

　起業という自分の夢を実現させるためには，市場（顧客）から評価され，生産性の高い製品やサービスを提供する経営活動を実践していく必要があります。4つの経営資源について，自分の思い描いている事業運営に必要な量と，その調達と配分方法について具体的に書き出していきます。

(2) 外部環境

　企業が経営活動を行うには，内部環境分析に用いた4つの経営資源の調達と適切な配分に加えて，政治，経済，社会，技術といった外部環境の影響を考慮する必要があります。政治（Politics），経済（Economy），社会（Society），技術（Technology）の頭文字から PEST 分析といいます（詳細は第5章第2節参照）。

　経営活動に与える影響を考える場合，4つの項目をそれぞれ分析することに加え，4つを関連づけて解釈することが重要です。たとえば，コロナウイルス感染症の拡大という社会問題に対して，政治はイベントや大人数での会食の自粛，移動を制限しながら，時短営業や休業をした企業へ休業支援金・給付金を支給しました。経済面では，旅行や外食需要が大きく減少した一方で，ネット通販やフードデリバリー，空気清浄機等の自宅で快適に過ごすための巣ごもり需要が拡大しました。技術面では感染拡大予防のために在宅勤務の必要性が急速に高まり，業務のデジタル化が進展しました。

1.3 事業計画書の作成

　ここでは，事業計画書に記載すべきことを学んでいきます。起業家の育成支援は重要な中小企業施策の1つであり，資金調達については政府系金融機関の日本政策金融公庫がその役割を担っています。そこで本章では，日本政策金融公庫の「創業計画書」様式を用いて，事業計画書の構成要素を説明していきます（**図表12-3**）。

1.3.1 事業計画書の構成

　事業計画書は，決算書のように法律でその構成要素が決められているものではありません。作成も義務ではなく任意ですが，作成した方がよい理由は1.1の通りです。読み手に伝えたいことが的確に伝わるようにするには何を書くべきか，考えていきましょう。

　日本政策金融公庫の創業計画書は，以下の8項目で構成されています。①から②は起業動機に関すること，③から⑤は事業の仕組みに関すること，⑥から⑦は事業開始に必要な資金計画に関すること，⑧は事業の収支計画に関することです。

①創業の動機	⑤従業員
②経営者の略歴等	⑥借入の状況
③取扱商品・サービス	⑦必要な資金と調達方法
④取引先・取引関係等	⑧事業の見通し（月平均）

1.3.2 起業動機

　起業家資質の確認の中で整理した「自分の夢を実現させたい」という熱い情熱と強い信念，「事業の目的」をこの欄に記入します。自分の夢と情熱を理解してもらうためには，事業計画書はできるだけ具体的に書いていくことが重要です。

1.3.3 事業の仕組み

起業家資質の確認の中で整理した「事業の新規性」と，環境分析によって整理した項目を用いて事業の仕組みを検討します。

最初に 3C 分析によって事業の仕組みを具体的に検討します（**図表 2-1**）。「顧客・市場」は，顧客ニーズや消費行動，対象となる市場の規模や成長性等を分析します。「競合」では，競合と想定される企業のシェアや製品の特徴，業界への新たな参入や代替品の脅威等を分析します。「自社」では，今後設備投資を検討する機械や設備等の物的資源，顧客データや製造や販売上のノウハウ等の情報的資源を分析します。

続いて，3C 分析の結果を踏まえて，起業を考えている事業の領域を検討します。具体的には，「誰に」「何を」「どのように」提供する事業なのかを検討していきます。

「誰に」とは想定する顧客ターゲットを設定することです。「何を」は製品やサービスがどのような機能を顧客に提供するのかを検討します。「どのように」は提供する製品やサービスの選定や価格，流通経路，出店場所，販売促進，仕入計画等を設定します。検討し設定した項目と計画全体の整合性が取れることが求められます。

事業の仕組みが具体化したら，事業計画書に記入していきます。起業動機と同様に，できるだけ具体的に書いていくことが重要です。

1.3.4 資金計画

事業の仕組みが具体化した後に，事業の開始に必要な機械や設備，建物，不動産等の購入に用いる設備資金と，原材料等の仕入れや水道光熱費等の支払いに用いる運転資金について積算します。そして，積算した資金の調達方法について自己資金とするか，借入金や出資金とするかを具体的に検討し，事業計画書に記入していきます。

資金の調達方法は，自己資金と金融機関からの借入金だけではありません。親族や友人・知人からの出資や借入れ，地方自治体の制度融資，クラウドフ

図表12-3 事業計画書様式例

創 業 計 画 書

〔令和　　年　　月　　日作成〕

お名前　＿＿＿＿＿＿＿＿＿＿＿＿＿＿＿＿＿＿

1　創業の動機（創業されるのは，どのような目的，動機からですか。）

	公庫処理欄

2　経営者の略歴等（略歴については，勤務先名だけではなく，担当業務や役職，身につけた技能等についても記載してください。）

年　月	内　　容	公庫処理欄

過去の事業経験	□事業を経営していたことはない。 □事業を経営していたことがあり，現在もその事業を続けている。（⇒事業内容：　　　　　） □事業を経営していたことがあるが，既にその事業をやめている。（⇒やめた時期：　　年　　月）
取得資格	□特になし　　□有　（　　　　　　　　　　　　　　　番号等　　　　　　　　）
知的財産権等	□特になし　　□有　（　　　　　　　　　　　□申請中　　□登録済　）

3　取扱商品・サービス

取扱商品・サービスの内容	①	（売上シェア　　％）
	②	（売上シェア　　％）
	③	（売上シェア　　％）

		公庫処理欄
セールスポイント		
販売ターゲット・販売戦略		
競合・市場など企業を取り巻く状況		

4　取引先・取引関係等

	フリガナ 取引先名 （所在地等（市区町村））	シェア	掛取引の割合	回収・支払の条件	公庫処理欄
販売先	（　　　　　　　　　）	％	％	日〆　　　　日回収	
	（　　　　　　　　　）	％	％	日〆　　　　日回収	
	ほか　　　　社	％	％	日〆　　　　日回収	
仕入先	（　　　　　　　　　）	％	％	日〆　　　　日支払	
	（　　　　　　　　　）	％	％	日〆　　　　日支払	
	ほか　　　　社	％	％	日〆　　　　日支払	
外注先	（　　　　　　　　　）	％	％	日〆　　　　日支払	
	ほか　　　　社	％	％	日〆　　　　日支払	
人件費の支払	日〆		日支払	（ボーナスの支給月　　　月，　　　月）	

☆ この書類は，ご面談にかかる時間を短縮するために利用させていただきます。
　　なお，本書類はお返しできませんので，あらかじめご了承ください。
☆ お手数ですが，可能な範囲でご記入いただき，借入申込書に添えてご提出ください。
☆ この書類に代えて，お客さまご自身が作成された計画書をご提出いただいても結構です。

5 従業員

常 勤 役 員 の 人 数 （法人の方のみ）	人	従　業　員　数 （3ヵ月以上継続雇用者等）	人	（うち家族従業員） （うちパート従業員）	人 人

※創業に際して，3ヵ月以上継続雇用を予定している従業員数を記入してください。

6 お借入の状況（法人の場合，代表者の方のお借入）

お借入先名	お使いみち	お借入残高	年間返済額
	□事業　□住宅　□車　□教育　□カード　□その他	万円	万円
	□事業　□住宅　□車　□教育　□カード　□その他	万円	万円
	□事業　□住宅　□車　□教育　□カード　□その他	万円	万円

7 必要な資金と調達方法

	必要な資金	見積先	金　額	調達の方法	金　額
設備資金	店舗，工場，機械，車両など （内訳）		万円	自己資金	万円
				親，兄弟，知人，友人等からの借入 （内訳・返済方法）	万円
				日本政策金融公庫　国民生活事業 からの借入	万円
				他の金融機関等からの借入 （内訳・返済方法）	万円
運転資金	商品仕入，経費支払資金など （内訳）		万円		
	合　　計		万円	合　　計	万円

8 事業の見通し（月平均）

		創業当初	1年後 又は軌道に乗った後 （　　年　　月　頃）	売上高，売上原価（仕入高），経費を計算された根拠をご記入ください。
売　上　高　①		万円	万円	
売上原価② （仕入高）		万円	万円	
経費	人件費(注)	万円	万円	
	家　　　賃	万円	万円	
	支　払　利　息	万円	万円	
	そ　の　他	万円	万円	
	合　計　③	万円	万円	
利　　　　　益 ①－②－③		万円	万円	（注）個人営業の場合，事業主分は含めません。

9 自由記述欄（追加でアピールしたいこと，事業を行ううえでの悩み，欲しいアドバイス等）

ほかに参考となる資料がございましたら，併せてご提出ください。

（日本政策金融公庫　国民生活事業）

出所：日本政策金融公庫［2023］。

図表12−4 起業時の資金調達額の平均（2022年度）

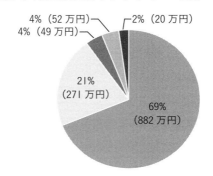

注）親族，友人・知人は借入，出資の両方を含む
出所：日本政策金融公庫総合研究所［2022］をもとに筆者作成。

ァンディング等が考えられます。クラウドファンディングとは，インターネットを通して多くの人々から資金を調達する仕組みです。クラウドファンディングを運営するサイト上で自分の夢や情熱を発信し，それに共感したり応援したいと感じた人達から資金を調達します。

日本政策金融公庫「2022年度新規開業実態調査」によると，起業時の資金調達総額は1,274万円で，そのうち自己資金が21％となっています（**図表12−4**）。実際に起業してみると，計画していたほど売上が伸びない場合や，予想外の支払いが生じることがあります。ゆとりをもった返済額となるように借入金額を設定する等，自己資金とのバランスを考えることが重要です。

1.3.5 収支計画

ここまで事業の仕組みと，起業に必要な資金の調達について整理することができました。続いて収支計画を検討します。先ほど設定した3C分析や事業領域を用いて，起業時と事業が軌道に乗った1年後における月平均の売上高や売上原価，経費を検討していきます。

売上高は小売業やサービス業の場合「顧客数×単価」，製造業の場合「機械設備の生産能力×機械設備数」で売上高を推測します。小売業やサービス業では事業領域で設定した顧客の市場への来店客数と，1人当たりの平均購

入料から予測します。製造業では機械設備の生産能力から受注可能量を求めて，対象と想定した企業からの受注量を予測します。これに加えて，売上に伴う仕入や製造・加工に係る費用を売上原価とします。

経費は，従業員やパート，アルバイト等の人件費，工場や店舗，事務所等の家賃，借入金の支払利息，その他経費を計算します。人件費，家賃，支払利息は毎月一定額を支払う固定費です。売上高から売上原価を差し引いた粗利益から固定費を支払うことができる計画にする必要があります。できるだけ具体的に書いていくことが求められます。

①売上予測の根拠を記入

　たとえば 50 人／日 × 2,000 円（客単価）× 26 日 = 260 万円
②売上原価は対象となる業界の平均値を参考に予測
③人件費は従業員数等から算出
④毎月の支払利息は，「借入額 × 年間利息率 ÷ 12 カ月」で算出

なお，借入金の元本返済は，「売上高 − 売上原価 − 経費」の利益等[1]から支払うことになります。借入金の元本返済が可能な売上高の計画，または元本返済が可能な範囲での借入金の算定が必要です。

このように，事業計画書には，売上高やそれに必要な費用の算定，事業の運営に必要な資金の調達額と調達方法等，根拠を示しながら実現可能な事業内容を作成していきます。

2 事業開始の手続

事業を開始するには，税務署や年金事務所等の行政機関への手続きが必要になります。本節では，届出や許認可等の手続きについて整理していきます。

図表12-5 事業開始時の届出書類

	届出先	種類	提出期限・留意点等	届出先	種類	提出期限・留意点等
個人	税務署	①個人事業の開業・廃業等届出書	事業の開始等の事実があった日から1ヵ月以内	年金事務所	健康保険，厚生年金保険 ①新規適用届 ②被保険者資格取得届 （法人の場合）履歴事項全部証明書または登記簿謄本 （個人の場合）事業主の世帯全員の住民票 など	・法人の場合 常時従業員(事業主のみの場合も含みます。)を使用するすべてが加入 ・個人の場合（注）常勤の従業員5人以上はすべて加入（サービス業の一部等についてはこの限りではありません。）常勤の従業員5人未満は任意加入
		②青色申告承認申請書（青色申告したいとき）	原則，申告をしようとする年の3月15日まで			
		③給与支払事務所等の開設届出書（従業員などに給与を支払うとき）	開設した日から1ヵ月以内			
	各都道府県税事務所	事業開始等申告書など	各都道府県等で定める日			
法人	税務署	①法人設立届出書	・設立の日から2ヵ月以内 ・定款の写しなどの定められた書類の添付が必要	公共職業安定所（ハローワーク）	雇用保険 ①雇用保険適用事業所設置届 ②雇用保険被保険者資格取得届 など	個人，法人とも従業員を雇用するとき適用事業所となる ①設置の日の翌日から10日以内 ②資格取得の事実があった日の翌月10日まで
		②給与支払事務所等の開設届出書（従業員などに給与を支払うとき）	開設した日から1ヵ月以内			
		③たな卸資産の評価方法の届出書	確定申告の提出期限まで	労働基準監督署など	労災保険 ①保険関係成立届 ②概算保険料申告書 など	適用事業所は雇用保険と同じ ①保険関係が成立した日の翌日から10日以内 ②保険関係が成立した日の翌日から50日以内
		④減価償却資産の償却方法の届出書	確定申告の提出期限まで			
		⑤青色申告承認申請書（青色申告したいとき）	設立後3ヵ月を経過した日と最初の事業年度終了日のうち，いずれか早い日の前日まで			
	各都道府県税事務所	法人設立等申告書など	各都道府県等で定める日			

（注）個人事業主は，国民健康保険，国民年金の適用。届出先は市区町村役場。

出所：日本政策金融公庫［2023］。

2.1 事業開始時の届出

　事業開始時に必要な届出は，税務関係と社会保険関係に分類されます（**図表12-5**）。個人事業主として起業する場合と，株式会社等の法人を設立する場合とでは，届出内容が異なります。

2.2 許認可

　起業する業種によっては，一定の衛生水準や技術水準が求められるため，行政機関の許認可が必要となります（**図表12-6**）。許認可の申請には時間

図表12−6 許認可の必要な業種

	許可	認定	届出	登録	提出先
理容・美容業			○		保健所※1 都道府県※2
クリーニング業			○		保健所※1 都道府県
公衆浴場	○				保健所※1 都道府県
旅館業	○				保健所※1 都道府県
食品関係の営業	○				保健所※1 都道府県
医療機器の販売・賃貸	○		○		許可または届出（医療機器の種類による）保健所※1
毒物・劇物の販売業				○	保健所※1
薬局	○				都道府県
医薬品販売業（薬局以外）	○				保健所※1 都道府県
高圧ガスの販売			○		都道府県
LPガスの販売				○	都道府県
LPガスの保安業務		○			都道府県
火薬類，花火（煙火）など販売・使用	○		○		都道府県
農薬の販売			○		都道府県
肥料の製造・販売			○（販売）	○（製造）	農水事務所※3 都道府県
飼料の製造・販売			○		農水事務所 都道府県
動物用医薬品の販売	○				都道府県
家畜商					都道府県 ※要 家畜商免許証取得
廃棄物処理業	○				都道府県 市町村※4
貸金業				○	財務事務所※5 都道府県
倉庫業				○	運輸事務所
建設業				○	建設事務所※7 都道府県
自動車運送業	○				運輸事務所※6
自動車分解整備事業		○（要認証）			運輸事務所
労働者派遣業	○				労働事務所※8
電気工事業				○	経済産業所※9 都道府県
旅行業				○	国土交通所※10 都道府県
自動車駐車場を開設			○		市町村

※1：事業所を管轄する保健所のことです。
※2：都道府県の担当部局ですが，都道府県によって呼び名がまちまちですので，関係部局を探して下さい。たとえば，衛生関係部局，食品関係部局，医薬関係部局，消防関係部局などです。
※3：農林水産省の出先機関事務所です。
※4：市町村の関係部局です。　　　　　　　　　　※5：財務省の出先機関事務所です。
※6：国土交通省の出先機関事務所です。　　　　　※7：国土交通省の出先機関事務所です。
※8：厚生労働省の出先機関事務所です。　　　　　※9：経済産業省の出先機関事務所です。
※10：国土交通省の出先機関事務所です。

出所：中小企業基盤整備機構［2023］。

がかかるものもあり，許認可や届出が済んでいないと開始できない業種の場合は，開業予定日までに許認可が下りないと営業が開始できないため，事前に関係窓口に相談しましょう。

2.3 事業にかかる税金

　事業に関する税金は，個人にかかる税金と法人にかかる税金があります。個人の事業所得に関する税金は，所得税，個人住民税，個人事業税，法人の事業所得に関する税金は，法人税，法人住民税，法人事業税です（**図表12-7**）。

　個人にかかる所得税は累進課税ですので，課税所得が大きくなるにつれて5％〜45％の税率が適用されるのに対し，法人にかかる法人税は税率が一律23.2％で，資本金1億円以下の中小事業者には，年800万円以下の所得に対しては15％の税率が適用されます（2024年3月時点）。さらに個人では認められていませんが法人では経費計上できるコストもあり，課税所得が大きくなると法人税の方が有利になる傾向にあります。ただし，法人か個人かをその年によって選べるわけではないので，節税効果だけを考えて法人成り[2]するのではなく，取引先との関係性や将来の計画に応じて，法人化を検討するとよいでしょう。

図表12-7 事業にかかる税金

〈個人事業主〉

	種類	税金の概要	申告手続き等
国税	所得税	所得金額に応じてかかります。	翌年2月16日〜3月15日に税務署に申告します。
地方税	個人住民票 ①道府県民税 ②市町村民税	均等額でかかる均等割と，前年の所得に応じてかかる所得割からなります。	所得税の確定申告をすれば特に申告の手続きは必要ありません。「東京都の場合は，①は都民税，②は特別区内では特別区民税となります。
	個人事業税	原則事業所得金額に応じてかかります。	申告手続きは個人住民税と同じです。

〈法人〉

	種類	税金の概要	申告手続き等
国税	法人税	所得金額に応じてかかります。	原則決算日の翌日から2カ月以内に本店所在地の税務署に申告します。
地方税	法人住民税 ①道府県民税 ②市町村民税	資本等の金額区分に応じてかかる均等割と，当期の法人税額に応じてかかる法人税割からなります。	申告期限は法人税と同じです。事業所等のある都道府県および市町村に申告します。「東京都の特別区内の会社は都民税となります。
	法人事業税	原則所得金額に応じてかかります。	原則決算日の翌日から2カ月以内に事業所等のある都道府県に申告します。

出所：日本政策金融公庫［2023］。

3 支援制度

　起業家支援は重要な中小企業施策の1つです。本節ではさまざまな支援制

度について整理していきます。

3.1 補助金

　起業時に活用できる補助金はいくつかあります。補助金は返済義務がないことや，採択されることで企業としての信用度が高まるといったメリットがあります。国の補助金以外にも地方自治体が独自に制度化した補助金や助成金もあります。

　本節では代表的な2つの補助金を紹介します。

3.1.1 小規模事業者持続化補助金

　小規模事業者持続化補助金は，従業員数20人以下の製造業，5人以下の商業・サービス業を対象として，機械装置，広報活動，ウェブサイト構築，試作品開発等の販路開拓に必要な経費の一部を補助する制度です。通常枠で50万円，創業枠・後継者支援枠[3]では200万円を上限に，必要な経費の3分の2を補助します。相談窓口は各地域の商工会議所や商工会です。

3.1.2 ものづくり補助金

　ものづくり補助金[4]は，中小企業が行う経営革新のための設備投資等に対し，必要な経費の一部を補助する制度で，起業後まもない企業も対象となります。従業員規模に応じて補助金額の上限が設定されており，必要な経費の3分の2を補助します。窓口は各地域の中小企業団体中央会です。

3.2 融資制度・保証制度

　起業時に活用できる融資制度と保証制度があります。国の融資制度は日本政策金融公庫が，保証制度は各都道府県の信用保証協会が実施しています。国の事業以外にも地方自治体が独自に制度化したものもあります。

　本節では国の融資制度について整理します。

3.2.1 新創業融資制度

新創業融資制度は，これから事業を開始する，または2回目の財務申告を終えていない事業者が対象となります。原則として無担保・無保証人で3,000万円（運転資金は1,500万円）を上限に借りることができます。同業種の経験があると自己資金要件が免除されるなどの特典があります。

3.2.2 新規開業支援資金

新規開業支援資金は，新規開業または7年以内の事業者を対象とし，7,200万円（うち運転資金4,800万円）を上限に借りることができ，貸付利率等の特例が受けられます。

3.2.3 女性・若者・シニア起業家支援資金

女性・若者・シニア起業家支援資金は，女性または35歳未満の若者，55歳以上の高齢者を対象として，7億2,000万円（うち運転資金2億5,000万円）を上限に借りることができます。

3.2.4 創業関連保証制度

創業関連保証制度は，金融機関の融資に対して，信用保証協会が保証することで，無担保かつ第三者保証が不要となる制度です。これから起業する，もしくは起業後5年未満の人が対象で，保証限度額は3,500万円です。

3.3 販路開拓支援

国や地方自治体，商工会議所等の支援機関が，中小企業が開発した製品や技術，サービスの展示会を開催し，販路開拓や新市場の開拓や他社とのマッチングを促進する場を提供しています。新市場における販路開拓については，マーケティング企画の検討や，テストマーケティングの実行による新事業展開・新規顧客開拓を行いたい事業者を対象に，各業界に精通した専門家

が企画段階からサポートすることで，販路開拓力の向上を図るハンズオン支援事業が，中小企業基盤整備機構で行われています。

《注》

1) 機械設備等の固定資産を購入すると，資産が使用できる期間で費用を配分する減価償却費を計上します。売上高に加えて減価償却費も理論上借入金の元本返済に充当することができます。

2) 法人成りとは，個人として事業を行なっていた事業主が，法人を設立して会社として事業運営するようにすることです。

3) 小規模事業者持続化補助金の類型には，通常枠の他に，賃金引上げ枠，卒業枠，後継者支援枠，創業枠があります（2024 年 2 月時点）。

4) ものづくり補助金は，①省力化（オーダーメイド）枠，②製品・サービス高付加価値化枠，③グローバル枠があります。②には通常類型と成長分野進出類型（DX・GX）があり，通常類型では従業員数 5 人以下は 750 万円，6 〜 20 人は 1,000 万円，21 人以上は 1,250 万円が上限となっています。いずれも大幅賃上げを行う場合は上限額が引き上げられます。(2024 年 2 月時点)。

Research

1. 気になる企業の内部環境，外部環境，事業の領域を調べてみよう。

2. 起業する際に利用できる支援制度にはどのようなものがあるのか，調べてみよう。

Debate

1. 中小企業白書等の起業の事例から，起業が成功するための環境分析を検討してみよう。

2. 起業が成功する要因について，事業計画書の視点から検討してみよう。

参考文献

全国商工会連合会［2023］『小規模事業者持続化補助金＜一般型＞ガイドブック』。

全国中小企業団体中央会［2023］『ものづくり・商業・サービス生産性向上促進補助金公募要領（18次締切分）1.0版』。

中小企業庁［2023］『2023年度版中小企業施策利用ガイドブック』。

中小企業基盤整備機構［2023］『夢を実現する創業』。

日本政策金融公庫［2023］『創業の手引』。

日本政策金融公庫総合研究所［2022］『2022年度新規開業実態調査』。

村上義昭［2015］「開業費用の調達と事業計画書の作成状況の実態：起業と起業意識に関する調査」（2014年度）より」『調査月報』No.082，pp.4-15。

索　引

■英　数

3C分析 ……………………………… 31, 193
3つの基本戦略（generic strategy）…… 95
3つの製品レベル ………………………… 66
5つの競争要因 …………………………… 35
ABL ……………………………………… 173
CEO ……………………………………… 158
CFO ……………………………………… 158
COO ……………………………………… 158
CSR ……………………………………… 23
CTO ……………………………………… 158
DX（Digital Transformation）…… 13, 79
Five Forces ……………………………… 35
IPO ……………………………………… 175
KJ法 ……………………………………… 56
　　──A型 ……………………………… 57
　　──B型 ……………………………… 57
LLC ……………………………………… 108
LLP ……………………………………… 109
M&A（Mergers & Acquisitions）
　　……………………………………… 84, 165
MVV ……………………………………… 133
NPO ……………………………………… 108
PEST分析 ………………………………… 81, 191
Price ……………………………………… 143
Product ………………………………… 142
Promotion ……………………………… 143
SL理論 …………………………………… 161
STP ……………………………………… 140
SWOT分析 ……………………………… 38, 81
　　──マトリクス ……………………… 81
VRIO分析 ………………………………… 37
X理論 …………………………………… 160
Y理論 …………………………………… 160

■あ　行

アーリーアダプター ……………………… 20
アーリーマジョリティ …………………… 20
アカデミック・アントレプレナー …… 114
アントレプレナー ……………………… 112
　　──シップ …………………………… 15
イノベーション ………………………… 19
イノベーター …………………………… 20
イントレプレナー ……………………… 113
売り手の交渉力 ………………………… 36
衛生要因 ………………………………… 160
エクイティファイナンス ……………… 171
オープン・イノベーション
　　（open innovation）………………… 22, 86
オープン＆クローズ戦略 ……………… 87
オープンデータ ………………………… 34
オズボーンの「チェックリスト」…… 47

■か　行

開業資金 ………………………………… 169
開業率 …………………………………… 109
買い手の交渉力 ………………………… 36
外部環境 ………………………………… 191
外部金融 ………………………………… 171
価格 ……………………………………… 143
学生アントレプレナー ………………… 114
価値曲線（value curve）……………… 96
合併・買収 ……………………………… 84, 165
カネのなる木（cash cow）…………… 82
株式会社 ………………………………… 108
株式公開 ………………………………… 175
株式発行 ………………………………… 171
可変的な資源 …………………………… 75
環境分析 ………………………………… 190
間接金融 ………………………………… 171

起業 ························· 106
企業の社会的責任 ··················· 23
企業の存在意義 ·················· 125
既存企業同士の競争 ················· 35
キャズム ························ 21
キャッシュフロー（cash flow,
　資金の流出入）············ 82, 185
共感マップ・キャンバス ············· 69
競合分析 ························ 35
銀行借入 ······················ 172
グッズ・ドミナント・ロジック
　（goods-dominant logic）·········· 85
クラウドファンディング ········ 175, 193
グローカリゼーション（glocalization）
　····························· 65
グローバリゼーション（globalization）
　····························· 65
経営資源 ··················· 75, 163
経営理念 ······················ 124
継続モデル ······················ 93
コアコンピタンス（core competence,
　中核能力）····················· 80
合計モデル ······················ 92
広告モデル ······················ 92
合同会社 ······················ 108
行動変数（behavior variables）········· 68
小売モデル ······················ 92
コーポレート・アントレプレナー ···· 113
コーポレートガバナンス ············· 158
顧客・市場分析 ··················· 32
個人事業 ······················ 108
コスト集中戦略 ··················· 96
コストリーダーシップ戦略 ············ 96
固定的な資源 ···················· 75
固定費 ························ 182

■さ　行

サービス・ドミナント・ロジック
　（service-dominant logic）·········· 85
サブ・マーケット ·················· 46

差別化集中戦略 ··················· 96
差別化戦略 ······················ 96
参入障壁 ························ 37
事業機会 ························ 30
　——型アントレプレナー ·········· 113
　——の窓 ····················· 43
事業計画書 ····················· 187
事業コンセプト ··················· 62
事業創造 ························ 12
事業転換戦略 ···················· 14
資金 ·························· 77
　——繰り管理 ·················· 183
　——調達 ····················· 168
自社分析 ························ 37
市場浸透戦略 ···················· 14
市場性と独自性のマトリクス ·········· 59
死の谷（Valley of Death）··········· 21
資本政策 ······················ 178
社債発行 ······················ 171
従業員エンゲージメント ············· 129
収支計画 ······················ 196
集中戦略 ························ 96
需給ギャップ ···················· 45
純粋リスク ······················ 40
小規模企業者 ··················· 120
小規模事業者持続化補助金 ··········· 201
情報的経営資源 ··················· 78
消耗品モデル ···················· 93
女性・若者・シニア起業家支援資金
　···························· 202
所得税 ························ 200
シリアル・アントレプレナー ········· 113
新規開業支援資金 ················· 202
新規参入の脅威 ··················· 37
新規性 ························ 189
人口動態変数（demographic variables）
　····························· 68
人材育成 ······················ 157
新市場開拓戦略 ··················· 14
新製品開発戦略 ··················· 14

新創業融資制度 …………………… 202
人的資源 …………………………… 76
信用保証付き融資 ……………… 173
心理的変数（psychographic variables）
………………………………… 68
衰退期 ………………………………… 17
ステークホルダー（stakeholder）
………………………… 23, 35, 62, 86
ストックオプション …………… 161
スモールビジネス ……………… 120
生計確立型アントレプレナー ……… 113
成熟期 ………………………………… 17
成長期 ………………………………… 17
製品 ………………………………… 142
セグメンテーション変数
（segmentation variables）………… 67
セグメント ………………………… 139
戦略オプション …………………… 39
戦略キャンバス（strategy canvas）… 96
戦略的提携 ………………………… 165
創業関連保証制度 ……………… 202
創造された事業機会 …………………… 31
想定Ｑ＆Ａ ………………………… 102
ソーシャル・アントレプレナー ……… 114
損益計画 …………………………… 182

■た　行

ダーウィンの海（Darwinian Sea）…… 21
ターゲティング …………………… 139
第三者割当増資 …………………… 171
代替品の脅威 ………………………… 36
第二創業 …………………………… 107
多角化戦略 …………………………… 14
チームビルディング ……………… 157
中小企業 …………………………… 120
直接金融 …………………………… 171
地理的変数（geographic variables）… 67
デジタルトランスフォーメーション … 79
動機づけ要因 ……………………… 160
投機的リスク ………………………… 40

導入期 ………………………………… 17
ドメイン …………………………… 138

■な　行

内部環境 …………………………… 190
内部金融 …………………………… 171
内部統制 …………………………… 179
二次利用モデル …………………… 92
認識された事業機会 …………………… 30
ノヴィス・アントレプレナー ……… 113

■は　行

パートタイム・アントレプレナー …… 114
パーパス（purpose）…………… 61, 133
廃業率 ……………………………… 109
パススルー課税 …………………… 109
発見された事業機会 …………………… 31
花形（star）………………………… 83
ハビチュアル・アントレプレナー …… 113
パラレル・アントレプレナー ……… 113
バリュー …………………………… 133
バリュープロポジション（価値提案,
value propositions：VP）……… 71, 99
──・キャンバス（value proposition
canvas）…………………………… 72
販売促進 …………………………… 143
ピクト図解 ………………………… 91
ビジネスアイデア ………………… 45
ビジネスエンジェル ……………… 174
ビジネスシステム ………………… 91
ビジネスモデル …………………… 91
──・キャンバス
（business model canvas）………… 98
ビジョン …………………………… 133
ファクタリング …………………… 173
ファミリー・アントレプレナー …… 113
ファミリービジネス ……………… 107
物的資源 …………………………… 77
物販モデル ………………………… 91
ブレインストーミング …………… 57

プレスリリース（Press Release）……102
プロダクト・ポートフォリオ・マネジメ
　ント（Product Portfolio Management,
　PPM）…………………………………82
プロパー融資…………………………173
ペルソナ（persona）……………………67
ベンチャー企業の成長過程……………54
ベンチャーキャピタル…………………174
変動費……………………………………182
法人税……………………………………200
ポジショニング…………………………140

■ま　行

マーケティング…………………………136
　――・ミックス………………………141
マクロ環境要因分析表…………………32
負け犬（dog）……………………………84
マッチングモデル………………………93
魔の川（Devil River）…………………21
ミッション（mission）…………61, 133
無限責任…………………………………109
モチベーション…………………………159

ものづくり補助金………………………201
問題児（problem child）………………83

■や　行

有限責任…………………………………109
　――事業組合…………………………109
ユニコーン企業…………………………25
欲求段階説………………………………160

■ら　行

ラガード…………………………………20
リーダーシップ…………………………161
リーン・スタートアップ（lean startup）
　…………………………………………64
利害関係者………………………125, 156
リスク……………………………………39
　――コントロール…………………40, 41
　――ファイナンシング………………41
　――マネジメント……………………40
レイトマジョリティ……………………20
ローカライゼーション（localization）
　…………………………………………65

■執筆者紹介（五十音順）

遠藤 真紀	九州情報大学経営情報学部教授	（第3章担当）
黒澤 佳子	拓殖大学商学部教授	（第1・10・11章担当）
桑原 重雄	宮崎国際大学国際教養学部准教授	（第2・9章担当）
田中 克昌	文教大学経営学部准教授	（第4・5・6章担当）
藤井 建人	公益社団法人日本印刷技術協会研究調査部長	（第7章担当）
三木田 尚美	四国大学経営情報学部准教授	（第8章担当）
山本 公平	大阪経済大学情報社会学部教授	（第12章担当）

■編者紹介

井上　善海（いのうえ　ぜんかい）

九州情報大学経営情報学部教授，広島大学名誉教授，日本マネジメント学会会長，博士（商学）

専門分野：経営戦略論，事業創造論

【主な著書・論文】

『企業経営入門』（編著，中央経済社，2022 年）

『経営戦略入門（第 2 版）』（共著，中央経済社，2022 年）

『中小企業経営入門（第 2 版）』（編著，中央経済社，2022 年）

『衰退産業の勝算』（単著，幻冬舎メディアコンサルティング，2022 年）

『負けない戦略』（単著，中央経済社，2022 年）

黒澤　佳子（くろさわ　よしこ）

拓殖大学商学部教授，博士（政策学）

専門分野：経営戦略論，事業承継論

【主な著書・論文】

『事業承継の成長戦略』（単著，中央経済社，2024 年）

「女性に事業承継した中小企業の新事業展開を促進する要因：中小製造業者を事例として」『日本中小企業学会論集』（第 41 号，2022 年）

「準備期間なく事業承継した女性後継者の新事業展開に関する一考察」『経営行動研究年報』（第 32 号，2023 年）

田中　克昌（たなか　かつまさ）

文教大学経営学部准教授，博士（経営学）

専門分野：経営戦略論，イノベーション論

【主な著書・論文】

『戦略的イノベーション・マネジメント』（単著，中央経済社，2019 年）

「ユーザー関与によるオープン・イノベーション」『経営教育研究』（第 25 巻第 1 号，2022 年）

「製造業 IoT におけるイノベーションの不成立要因に関する一考察」『経営行動研究年報』（第 32 号，2023 年）

事業創造入門

2024年10月1日　第1版第1刷発行
2025年8月10日　第1版第2刷発行

編　者　井　上　善　海
　　　　黒　澤　佳　子
　　　　田　中　克　昌
発行者　山　本　　　継
発行所　㈱中央経済社
発売元　㈱中央経済グループ
　　　　パブリッシング

〒101-0051　東京都千代田区神田神保町1-35
電話　03 (3293) 3371 (編集代表)
　　　03 (3293) 3381 (営業代表)
https://www.chuokeizai.co.jp
印刷・製本／文唱堂印刷㈱

©2024
Printed in Japan

＊頁の「欠落」や「順序違い」などがありましたらお取り替えいた
　しますので発売元までご送付ください。(送料小社負担)
ISBN978-4-502-51331-2 C3034

JCOPY〈出版者著作権管理機構委託出版物〉本書を無断で複写複製（コピー）することは，
著作権法上の例外を除き，禁じられています。本書をコピーされる場合は事前に出版者著
作権管理機構（JCOPY）の許諾を受けてください。
　JCOPY〈https://www.jcopy.or.jp　eメール：info@jcopy.or.jp〉

ベーシック＋ プラス
Basic Plus

いま新しい時代を切り開く基礎力と応用力を兼ね備えた人材が求められています。

このシリーズは，各学問分野の基本的な知識や標準的な考え方を学ぶことにプラスして，一人ひとりが主体的に思考し，行動できるような「学び」をサポートしています。

ベーシック＋専用HP

教員向けサポートも充実！

中央経済社

一般社団法人 日本経営協会【編】

マネジメント検定試験 公式テキスト

マネジメント検定試験とは

▶経営・マネジメントに関する知識・能力を判定する全国レベルの検定試験です。

▶個人・法人問わず,スキルアップやキャリア開発などに幅広く活用されています。

▶試験のグレードがあがるほど,ビジネスシーンでの「実践力」「対応力」が身につきます。

経営学の基本
(Ⅲ級)

マネジメント実践1
(Ⅱ級)

マネジメント実践2
(Ⅱ級)

中央経済社